MedR   Schriftenreihe Medizinrecht

Springer
*Berlin
Heidelberg
New York
Barcelona
Hongkong
London
Mailand
Paris
Singapur
Tokio*

Christian Dierks · Peter Neuhaus
Albrecht Wienke (Hrsg.)

Die Allokation von Spenderorganen

Rechtliche Aspekte

RA Dr. iur. Dr. med. Christian Dierks
Kurfürstendamm 57
D-10707 Berlin

Prof. Dr. med. Peter Neuhaus
Universitätsklinikum Charité
Augustenburger Platz 1
D-13353 Berlin

RA Dr. iur. Albrecht Wienke
Bonner Str. 323
D-50968 Köln

ISBN 3-540-65705-3 Springer-Verlag Berlin Heidelberg New York

Die Deutsche Bibliothek – CIP-Einheitsaufnahme
Die Allokation von Spenderorganen: rechtliche Aspekte/ Hrsg.: Christian Dierks... – Berlin;
Heidelberg; New York; Barcelona; Hongkong; London; Mailand; Paris; Singapur; Tokio: Springer, 1999
  (MedR, Schriftenreihe Medizinrecht)
  ISBN 3-540-65705-3

Dieses Werk ist urheberrechtlich geschützt. Die dadurch begründeten Rechte, insbesondere die der Übersetzung, des Nachdrucks, des Vortrags, der Entnahme von Abbildungen und Tabellen, der Funksendung, der Mikroverfilmung oder der Vervielfältigung auf anderen Wegen und der Speicherung in Datenverarbeitungsanlagen, bleiben, auch bei nur auszugsweiser Verwertung, vorbehalten. Eine Vervielfältigung dieses Werkes oder von Teilen dieses Werkes ist auch im Einzelfall nur in den Grenzen der gesetzlichen Bestimmungen des Urheberrechtsgesetzes der Bundesrepublik Deutschland vom 9. September 1965 in der jeweils geltenden Fassung zulässig. Sie ist grundsätzlich vergütungspflichtig. Zuwiderhandlungen unterliegen den Strafbestimmungen des Urheberrechtsgesetzes.

© Springer-Verlag Berlin Heidelberg 1999

Die Wiedergabe von Gebrauchsnamen, Handelsnamen, Warenbezeichnungen usw. in diesem Werk berechtigt auch ohne besondere Kennzeichnung nicht zu der Annahme, daß solche Namen im Sinne der Warenzeichen- und Markenschutz-Gesetzgebung als frei zu betrachten wären und daher von jedermann benutzt werden dürften.

Umschlaggestaltung: Erich Kirchner, Heidelberg
SPIN 10706446   64/2202-5 4 3 2 1 0 – Gedruckt auf säurefreiem Papier

Vorwort

Am Ende des 20. Jahrhunderts stehen die Gesundheitssysteme der zivilisierten Welt vor einer neuen Herausforderung. Nachdem die medizinischen und technischen Möglichkeiten in der Vergangenheit als Beschränkung der Möglichkeiten akzeptiert wurden, zieht der medizinische Fortschritt insbesondere durch die Entwicklung neuer, kostenintensiver Methoden eine neue Grenzlinie: Die Grenze der Finanzierbarkeit. Diskussionen um Optimierung oder Maximierung, Rationalisierung oder Rationierung beherrschen folglich die Auseinandersetzung um eine Weiterentwicklung des Gesundheitswesens. In Deutschland hat sich dabei das arbeitsentgeltabhängige Finanzierungssystem der Gesetzlichen Krankenversicherung als besonders problematisch erwiesen. Die bisherigen Reaktionen des Gesetzgebers auf den Finanzierungsengpaß, die Budgetierungen, haben bislang keinen Ausweg aus der sich öffnenden Schere zwischen verminderten Einnahmen und steigenden Kosten weisen können. Die Leistungserbringer selbst, die Ärzte und Krankenhäuser, stehen unter budgetierten Bedingungen in der Pflicht, die begrenzten Ressourcen unter den Nachfragern gerecht zu verteilen. Der Ruf nach Regeln für eine solche Allokation in der Arzt-/Patienten-Beziehung wird immer öfter geäußert.

Angesichts dieser Entwicklung ist es hilfreich, den Blick auf ein Verteilungssystem zu richten, das seit jeher durch die Allokation einer begrenzten Ressource geprägt ist: Die Organtransplantation. Die Anzahl der Spenderorgane läßt sich nicht durch finanzielle Mittel beliebig erhöhen. Aus der Natur der Sache ergibt sich hier eine vorgegebene Grenze. Das Problem der gerechten Verteilung von Spenderorganen ist daher so alt wie die Organtransplantation selbst. Die stets mit ethischen Bedenken verknüpfte Frage der Rationierung ist also für die Transplanteure kein erst in den letzten Jahren aufgetauchtes Problem, sondern im täglichen Problembewußtsein fest verankert. Die Bildung von Verteilungsalgorithmen auf der Basis zu gewichtender Parameter ist in der Organtransplantation längst entwickelt und wird seit Jahren angewandt.

Durch das Transplantationsgesetz (TPG) wird die Allokation der Spenderorgane nicht detailliert geregelt. Das Gesetz erteilt der Bundesärztekammer die Kompetenz für die Aufstellung von Richtlinien, nach denen die Verteilung der Spenderorgane erfolgen soll. Damit ist der Gesetzgeber zwar einerseits einem heiklen Problem aus dem Weg gegangen, hat jedoch andererseits die Erstellung der Richtlinien dort angesiedelt, wo die größte Kompetenz für die Lösung des Problems vermutet werden darf. Dennoch bedürfen die gesetzlichen Vorgaben einer weitergehenden Interpretation. Dies gilt um so mehr, als in den vergangenen Jahren regional unterschiedliche Verteilungsverfahren von den Transplantationszentren favorisiert wurden. Ein Konsens über die Anwendung der Verteilungskriterien, insbesondere über die Berücksichtigung des „local donor"-Prinzips, konnte nicht hergestellt werden.

Die Deutsche Gesellschaft für Medizinrecht hat sich aufgrund zahlreicher Anregungen der Aufgabe einer Interpretation des Gesetzes im Bemühen um eine Konsensfindung gestellt und in Kooperation mit einem Großteil der Vertreter der Transplantationszentren und der ausgewiesenen Rechtsexperten in einem Workshop Empfehlungen zur Allokation von Spenderorganen erarbeitet. Die Empfehlungen sind das Ergebnis einer kontroversen Diskussion, die aber letztlich in dem hier dargelegten Konsens mündeten. Sie sollen nicht nur einen nützlichen Beitrag zur Erarbeitung der Richtlinien leisten, sondern auch als Grundlage für eine Diskussion der Allokationsproblematik dienen.

Wieder einmal war die Deutsche Gesellschaft für Medizinrecht mit ihren Referenten und Diskutanten Gast in der niedersächsischen Stadt Einbeck. Wieder einmal dürfen wir der Stadt Einbeck für die freundliche Aufnahme danken. Wir freuen uns auch, daß der Springer Verlag wiederum ohne zu zögern das Ergebnis des Workshops in einem Band der Schriftenreihe „Medizinrecht" herausgibt. Besonderer Dank gebührt auch der Firma Novartis für die Unterstützung des Workshops.

Christian Dierks
Berlin, März 1999

Teilnehmer- und Autorenverzeichnis

RA Dr. Ch. Conrads
Einfeld & Wandscher
Rechtsanwälte und Notare
Marschweg 36 a
26122 Oldenburg

Prof. Dr. iur. Dr. h.c. mult. E. Deutsch
Universität Göttingen
Höltystraße 8
37085 Göttingen

RA Dr. iur. Dr. med. Ch. Dierks
Vizepräsident DGMR
Kurfürstendamm 57
10707 Berlin

Dr. iur. W. Eberbach
Wiss. Beirat DGMR
Alfred-Hess-Straße 8
99094 Erfurt

Prof. Dr. med. W. Eisenmenger
Präsident DGMR
Institut für Rechtsmedizin
Frauenlobstraße 7 a
80337 München

Prof. Dr. med. U. Frei
Leiter der Abt. für Nephrologie und
internistische Intensivmedizin
Universitätsklinikum Charité
Campus Augustenburger Platz 1
13353 Berlin

Prof. Dr. med. Ch. Fuchs
Hauptgeschäftsführer
Bundesärztekammer
Herbert-Lewin-Straße 1
50931 Köln

MR Dr. V. Grigutsch
Bundesministerium für Gesundheit
53108 Bonn

Prof. Dr. med. J. Hauss
Leiter der Klinik f. Abdominal-, Transplantations- und Gefäßchirurgie
Universität Leipzig/Medizin
Liebigstraße 20 a
04103 Leipzig

Prof. Dr. med. A. Haverich
Klinik für Thorax-, Herz- und Gefäßchirurgie
Medizinische Hochschule
Stadtfelddamm 65
30625 Hannover

Prof. Dr. med. R. Hetzer
Deutsches Herzzentrum
Augustenburger Platz 1
13353 Berlin

Prof. Dr. med. G. Kirste
Generalsekretär der Deutschen Transplantations Gesellschaft
Chirurgische Universitäts-Klinik Sektion Transplantationschirurgie
Universität Freiburg
Hugstetter Straße 55
79106 Freiburg

RA Dr. iur. Dr. med. H.-J. Kramer
Schatzmeister DGMR
Blombergweg 18
82538 Geretsried

RDin Dr. H. Langenbucher
Bundesministerium für Gesundheit
53108 Bonn

Prof. Dr. iur. H. Lilie
Martin-Luther-Universität Halle-Wittenberg
Juristische Fakultät
Universitätsplatz 6
06099 Halle

Dr. iur. H-D. Lippert
Schriftführer DGMR
von-Stadion Straße 1
89124 Blausten

Dr. J. De Meester
Head Medical Affairs
Eurotransplant
Postfach 2304
2301 CH Leiden
NL

PD Dr. med. Dr. E. Nagel
Oberarzt der Klinik für Abdominal- und Transplantationschirurgie
Medizinische Hochschule
Karl-Neuberg-Straße 1
30625 Hannover

Prof. Dr. med. P. Neuhaus
Direktor der Klinik für Allgemein-, Viszeral- und Transplantationschirurgie
Universitätsklinikum Charité, CVK
Augustenburger Platz 1
13353 Berlin

RA E. Rampfl-Platte
Wiss. Beirat DGMR
Nördliche Auffahrtsallee 1
Am Nymphenburger Kanal
80638 München

PD Dr. St. Reiter-Theil, Dipl.-Psych.
Zentrum für Ethik und Recht in der Medizin
Klinikum der Albert-Ludwigs-Universität Freiburg
Elsässer Straße 2m, 1 a
79110 Freiburg

RR z.A. Ass. iur. S. Riemenschneider
Wiss. Beirat DGMR
Mendelssohn-Bartholdy-Straße 12
65193 Wiesbaden

Prof. Dr. iur. H.L. Schreiber
Präsident der Universität Göttingen
Georg-August-Universität Göttingen
Platz der Göttinger Sieben 6
37073 Göttingen

Prof. Dr. med. S. Schüler vertr. d. Dr. med. F. Wagner
(Ärztlicher Direktor)
Stellvert. Leiter des thorakalen Transplantationsprogramms
Herz- und Kreislaufzentrum
Tech. Universität Dresden
Fetscherstraße 76
01307 Dresden

Prof. Dr. med. H. Seiter
Direktor der Urologischen und
Poliklinik der Universität Rostock
Ernst-Heidmann-Straße 6
18055 Rostock

MR H. Sengler
Bundesministerium für Gesundheit
53108 Bonn

RA Dr. iur. A. Wienke
Generalsekretär DGMR
Bonner Straße 323
50968 Köln

Inhaltsverzeichnis

Vorwort V

Autorenverzeichnis VII

A. Haverich
Allokation von Spenderherzen - medizinische Voraussetzungen
und verwaltungsmäßigen Handhabung 1

P. Neuhaus
Allokation von abdominalen Spenderorganen - medizinische
Voraussetzungen und verwaltungsmäßige Handhabung 7

H. Seiter
Allokation von Spenderorganen - medizinische Voraussetzungen
und verwaltungsmäßige Handhabung im Mitteldeutschen
Transplantationsverbund 13

St. Reiter-Theil
Anwendung ethischer Prinzipien bei der Begutachtung am Beispiel der
Lebendnierenspende 23

Ch. Conrads
Rechtliche Aspekte der Richtlinienfeststellung nach § 16 Absatz 1
Satz 1 Nr. 2 und 5 Transplantationsgesetz 35

H. Lilie
Ist das Local-Donor-Prinzip mit dem Transplantationsgesetz (TPG)
vereinbar? 53

G. Kirste
Allokation von Spenderorganen - ökonomische Aspekte 61

H. L. Schreiber
Richtlinien und Regeln für die Organallokation 65

Empfehlung zur Allokation von Spenderorganen, zur Zulassung
eines Krankenhauses als Transplantationszentrum zur Qualitätssicherung 73

Allokation von Spenderherzen - medizinische Voraussetzungen und verwaltungsmäßige Handhabung

A. Haverich

1. Allokation von Spenderorganen - gesetzliche Vorgaben

Das Transplantationsgesetz für die Bundesrepublik Deutschland regelt in 2 Paragraphen die Allokation von Spenderherzen. Nach § 14 wird eine einheitliche deutsche Warteliste aufgestellt, die nach Gesichtspunkten der Notwendigkeit, der Dringlichkeit und den Erfolgsaussichten zu konzipieren ist. Dieser Paragraph hat insofern Bedeutung für die spätere Allokation von Spenderherzen, als solche Patienten, die gar nicht auf die Warteliste aufgenommen werden, natürlich von einer Organallokation ausgeschlossen werden. Besonders schwierig wird zu differenzieren sein zwischen Dringlichkeit und den Erfolgsaussichten, nach denen diese beide Kriterien für die Aufnahme in die Warteliste im Einzelfall diametral wirksam werden können in dem Sinne, daß der am dringlichsten zu transplantierende Patient die geringsten Erfolgsaussichten hat, der elektiv zu operierende Kranke mit den höchsten Erfolgsaussichten der niedrigsten Dringlichkeitsstufe zuzuordnen sein wird. Nachdem weder die Notwendigkeit noch die Dringlichkeit oder die Erfolgsaussichten im Einzelfall exakt zu quantifizieren sind, vielmehr wesentlich subjektiv eingeschätzte Prognosefaktoren enthalten, wird die Aufnahme in die Warteliste immer individuelle Kriterien bei der Einschätzung des Krankheitsbildes durch die betreuenden Ärzte mit einbeziehen müssen. Dies trifft insbesondere die Situation eines Ausschlusses von der Warteliste aufgrund zu geringer Erfolgsaussichten (prohibitiv erhöhtes Risiko). Wenn man darüber hinaus berücksichtigt, daß die Erkrankung der Herzinsuffizienz kein statisches Krankheitsbild sondern einen dynamischen Krankheitsprozeß darstellt, in aller Regel mit Tendenz zur Verschlechterung, müssen die drei vom Gesetzgeber genannten Kriterien im Einzelfall immer wieder neu beurteilt werden.

§ 12 des Transplantationsgesetzes regelt die Vermittlung von Spenderorganen. Sie hat nach „Regeln, die dem Stand der Erkenntnisse der medizinischen Wissenschaft entsprechen insbesondere nach Erfolgsaussicht und Dringlichkeit für geeignete Patienten zu erfolgen. Die Wartelisten der Transplantationszentren sind dabei als einheitliche Warteliste zu behandeln." Die Problematik der im Einzelfall durchaus widersprüchlichen Kriterien „Erfolgsaussicht" und „Dringlichkeit" trifft natürlich für die Allokation ebenso zu wie für die Aufnahme in die Warteliste. Auch an dieser Stelle sei darauf hingewiesen, daß sich durch den dynamischen Prozeß des Krankheitsverlaufes beide Kriterien in beide Richtungen verändern mögen, daß sogar ehemals „geeignete Patienten" durch im Krankheitsverlauf auftretende Komplikationen sich als „ungeeignet" herausstellen können. Letztere Situation tritt insbesondere mit steigender Dringlichkeit im Zuge der akuten Verschlechterung des Krankheitsbildes auf.

Die bisher gemachten Aussagen weisen bereits darauf hin, wie wichtig die initiale Evaluierung aber auch die regelmäßige (im Zweifelsfalle akute) Reevaluierung von Wartelisten-Patienten ist.

2. Stand der Wissenschaft und derzeitige Allokation

2.1 Notwendigkeit der Transplantation

Die Feststellung der Notwendigkeit zur Transplantation muß der Aufnahme auf die Warteliste vorangestellt werden. Innerhalb der wissenschaftlichen Fachgesellschaften, vor allem der Deutschen Transplantationsgesellschaft (DTG), werden derzeit in entsprechenden Organkommissionen Kriterien für die Aufnahme in die Warteliste aufgestellt, die den derzeitigen Stand der Wissenschaft beschreiben. Für die Herztransplantation seien hier exemplarisch genannt der klinische Krankheitsverlauf, das Stadium der Herzinsuffizienz (New York Heart Association-Einteilung), die Auswurffraktion der linken Herzkammer, der Herzindex (Herzzeitvolumen bezogen auf die Körperoberfläche) und - besonders wichtig - die maximale Sauerstoffaufnahme unter Belastung. Neben diesen sind eine Reihe weiterer Faktoren in einer Anmeldeliste für die Vermittlungsstelle zusammengefaßt, welche die eindeutige Notwendigkeit für die Aufnahme in die Warteliste beschreiben sollen. Von seiten der Fachgesellschaft wird die Bundesärztekammer dahingehend beraten, diese Kriterien für eine Listung zu akzeptieren. In Zweifelsfällen soll die Vermittlungsstelle ein sogenanntes Auditkomitee, bestehend aus je einem Vertreter der 7 entstehenden Transplantationsregionen anrufen, um Einzelfallentscheidungen zu klären.

Es wurde bereits auf die notwendige Reevaluierung solcher Kandidaten hingewiesen. Diese soll nach Ansicht der DTG in 6-monatigen Abständen erfolgen. Anläßlich dieser routinemäßigen Re-Evaluation, im Einzelfall auch im Intervall, soll eine etwaige Besserung des Krankheitsbildes festgestellt werden, was möglicherweise eine Fortnahme von der Warteliste ermöglicht. Darüber hinaus müssen Verschlechterungen der Erkrankung, z.B. zwischenzeitliches Auftreten eines Malignoms, massiver Anstieg des Pulmonalgefäßwiderstandes, als neuaufgetretenes Ausschlußkriterium evaluiert werden. Solche Ausschlußkriterien werden derzeit ebenfalls von der DTG und Bundesärztekammer erarbeitet.

Das Auditkomitee ist aber auch deshalb notwendig, weil es individuelle Krankheitsbilder gibt, die per Definition die eingangs genannten Aufnahmekriterien für die Warteliste nicht erfüllen. Als solche seien genannt die hämodynamischen Parameter von Kandidaten, die für eine Retransplantation anstehen. Ebenso müssen für Patienten mit Herztumoren andere Kriterien berücksichtigt werden.

2.2 Dringlichkeit

Die Kriterien zur Dringlichkeit einer Herztransplantation wurden innerhalb von Eurotransplant in den vergangenen 15 Jahren mehrfach modifiziert. Derzeit gilt, daß der überwiegende Anteil von Kandidaten als transplantabel („T") eingestuft ist. Patienten, die in eine bedrohliche und intensivpflichtige Situation kommen, werden nach definierten Kriterien mit einem „SUR" (special urgency request) versehen. Um eine mißbräuchliche Höherstufung einer Vielzahl von Patienten in diese höhere Dringlichkeitskategorie zu verhindern, wurde innerhalb von Eurotransplant pro Zentrum eine maximal Anmeldung von 15 %/Jahr (Grundlage: Vorjahrestransplantationszahl) festgelegt. Darüber hinaus gilt eine besonders hohe Dringlichkeitsstufe (high urgency; „HU") für solche Patienten, die innerhalb von 4 Tagen nach einer Transplantation aufgrund eines akuten Transplantatversagens erneut transplantiert werden müssen.

Besonders an diesem Dringlichkeitskriterium wird derzeit hart diskutiert, nachdem die Ergebnisse der Retransplantation für diese höchste Dringlichkeitsstufe nur etwa halb so gut sind (1-Jahresüberlebensrate), wie die nach elektiver Ersttransplantation. Hieran zeigt sich in besonderem Maße, wie sehr die Kriterien Dringlichkeit und Erfolgsaussicht im Individualfall auseinander weichen und das rein medizinische Kriterien wohl nicht alleinige Entscheidungsgrundlage sein können. Wie in vielen Bereichen spielen hier ganz sicher ethische Gesichtspunkte eine entscheidende Rolle, so daß entsprechende Beratung einzuholen sein wird. Kriterien für höhere Dringlichkeitsstufen werden derzeit gemeinsam zwischen der DTG und Bundesärztekammer erarbeitet.

In Bezug auf die „Dringlichkeit" der Transplantation sei auch auf die Wartezeit als medizinisches Kriterium hingewiesen. Zahlen bei Eurotransplant, aber auch größere internationale Statistiken, weisen eine eindeutige Korrelation zwischen Wartezeit und Überleben auf, so daß für die Übertragung von Herzen und/oder

Lungen eine längere Wartezeit als ein wesentliches medizinisches Kriterium im Sinne der ansteigenden Dringlichkeit zu betrachten ist.

2.3 Erfolgsaussichten

Die günstigsten Aussichten auf eine erfolgreiche Herztransplantation liegen bei einem unter 40-jährigen männlichen Patienten mit elektivem Dringlichkeitsstatus und ohne begleitende Erkrankungen vor, wenn er ein männliches Spenderherz mit kurzer Ischämiezeit übertragen bekommt (Spender unter 30 Jahren). Wenn die Erfolgsaussichten alleiniges Kriterium für die Vergabe von Spenderherzen wäre, müßte das Kriterium „Dringlichkeit" für ungültig erklärt werden. Insofern dürfen nicht nur auf individueller Basis Erfolgsaussichten gegen Dringlichkeit titriert werden, sondern es muß eine gewisse Quotierung der verschiedenen Kriterien für die Allokation vorgenommen werden. Ohne eine solche Quotenregelung würden entweder ganz überwiegend dringliche Patienten mit schlechten Erfolgsaussichten oder aber ausschließlich elektive Patienten mit guten Erfolgsaussichten transplantiert.

An dieser Stelle muß allerdings auch darauf hingewiesen werden, daß die Erfolgsaussichten bereits bei der Aufnahme eines Patienten auf die Warteliste geprüft werden müssen. Solche Patienten mit einem aktiven malignen Krankheitsprozeß werden nach heutigen Gesichtspunkten von einer Transplantation auszuschließen sein, weil die Erfolgsaussichten weniger in Bezug auf das Transplantat aber in Hinblick auf die Grunderkrankung zu schlecht sind. Auch wird man derzeit bei über 70-jährigen Patienten eine Herzübertragung nur in Ausnahmefällen (Kriterium: biologisches Alter) vornehmen. Neben dem Alter des Organempfängers gibt es jedoch eine Reihe weiterer kontinuierlicher Variablen, die bezüglich ihres Einflusses auf die Erfolgsaussicht nach Transplantation bei der Aufnahme in die Warteliste, aber auch bei der späteren Allokation berücksichtigt werden müssen. Als solche seien erwähnt die Indikation (Situation nach durchgeführter Herzoperation - post cardiotomy) der akuten Retransplantation, das Spenderalter oder eine vorangegangene Implantation eines Herzunterstützungssystem (ventricular assist device; „VAD").

3. Vorschlag zur Allokation von Spenderherzen

Die Organkommission „Herz" der DTG hat im Mai 1998 ohne Gegenstimmen beschlossen, einen Vorschlag an die Bundesärztekammer für die Erstellung von Richtlinien entsprechend dem Stand der medizinischen Wissenschaft weiterzugeben. Dieser Vorschlag beinhaltet die Aufstellung einer bundeseinheitlichen Warteliste, für die ein spezifischer Kriterienkatalog entwickelt wurde, darüber hinaus die halbjährliche Reevaluation der Kandidaten. Dieser Teil des

Vorschlages soll die „Notwendigkeit" der Transplantation sowie deren „Erfolgsaussichten" beinhalten. Unter Berücksichtigung von Dringlichkeitsfaktoren soll bis zu einem Drittel der Spenderherzen nach Kriterien des „special urgency requests" vergeben werden. Dieses Drittel bezieht sich auf die bundeseinheitliche Warteliste (und gilt für einzelne Regionen, wenn hier eine Warteliste von ausreichender Größe besteht).

Die übrigen zwei Drittel der wartenden Patienten soll je zur Hälfte nach Wartezeit und nach Distanzfaktoren zugeteilt werden.

Die Wartezeit stellt dabei neben einem medizinischen Kriterium (siehe oben) im Sinne der Überlebensrate auf der Warteliste auch ein Kriterium im Sinne der Lebensqualität dar. Eine Vielzahl von Untersuchungen belegen, daß die Lebensqualität von Patienten nach der Transplantation erheblich besser ist, als im Stadium der Wartezeit bei chronischer Herzinsuffizienz.

Der Distanzfaktor soll aus Gründen der Verkürzung der Ischämiezeit des Spenderorganes eingeführt werden. Die Ischämiezeit ist hochsignifikant mit dem Risiko eines frühen Transplantatversagens und mit dem Versterben nach dem Eingriff korreliert und gilt als eines der wichtigsten Kriterien für die Qualität eines Spenderorganes. Diese Zusammenhänge sind in vielen international publizierten Studien zur thorakalen Organtransplantation belegt.

Nebenrangig erlaubt die Einführung des sogenannten Distanzfaktors eine Kontrolle der Kosten im Zusammenhang mit der Transplantation, nachdem kürzere Transportzeiten zu bewältigen sind. Ein weiterer Nebeneffekt ist die Unterstützung der Organspende im Bereich der Region des die Transplantation durchführenden Zentrums. Auch im Zusammenhang mit der Umsetzung des Transplantationsgesetzes, dessen ursprüngliches Ziel auch war, die Organspende in Deutschland zu stützen und zu vermehren, wird dieses Kriterium auf seiten der DTG als valide beurteilt.

Es ist geplant, in 1999 mit Computersimulationsmodellen diesen Vorschlag zur Allokation zu überprüfen. Insbesondere ist dabei zu berücksichtigen, daß in den zwei Dritteln nach Wartezeit bzw. Distanz vermittelten Organen die Erfolgsaussichten insgesamt günstig gestaltet werden. Dies bedeutet, daß die Wartezeit für den individuellen Patienten aber auch die Gesamtwartezeit für die Liste nicht zu lang werden, andererseits die Transportzeiten im Durchschnitt und im Individualfall so kurz gehalten werden, daß ein optimales Transplantationsergebnis zu erzielen ist.

Zusammenfassung

In der Arbeitsgruppe „Allokation Herz" der ständigen Kommission Organtransplantation bei der Bundesärztekammer wird derzeit ein Vorschlag der Organkommission „Herz" der DTG für ein neues Allokationssystem für Spenderherzen diskutiert, der in die Richtlinien der Bundesärztekammer aufgenommen werden soll. Neben der Einführung einer bundeseinheitlichen Warteliste, die Notwendigkeit, Dringlichkeit und Erfolgsaussichten der Transplantation berücksichtigt, wird die Allokation in zwei Dringlichkeitsstufen durchgeführt. Bis zu einem Drittel aller Spenderorgane sollen nach sogenanntem „special urgency request" vergeben werden, die übrigen zwei Drittel je zur Hälfte entsprechend der Wartezeit des Organempfängers bzw. der Distanz des Organspenders vom Empfängerzentrum. Ob das ehemalige „high urgency"-Konzept für akute Retransplantationen weiterträgt, wird in der Bundesärztekammer entschieden. Insgesamt müssen Computersimulationen nachweisen, daß eine gerechte Organverteilung mit diesen Kriterien erreicht werden kann, bevor das System mit dem 1.12.1999 definitiv in die Praxis umgesetzt wird.

Allokation von abdominalen Spenderorganen - medizinische Voraussetzungen und verwaltungsmäßige Handhabung

P. Neuhaus

Einleitung

Die Allokationsregeln für so unterschiedliche Organtransplantationen wie die Nierentransplantation mit der Alternative Dialyse, die kombinierte Nieren-/Bauchspeicheldrüsentransplantation für eine kleine Gruppe von Diabetikern, die alleinige Bauchspeicheldrüsentransplantation als ein wissenschaftlich noch nicht etabliertes Konzept, die Dünndarmtransplantation als ein noch weitgehend unausgereiftes klinisches Behandlungsverfahren und schließlich die Lebertranslantation, die in vielen Fällen die einzig mögliche lebenserhaltende Behandlung von akut oder chronisch leberkranken Patienten ist, sollen dem Stand der Erkenntnisse der medizinischen Wissenschaft entsprechen und sich insbesondere an Erfolgsaussichten und Dringlichkeit orientieren. Dabei sind die Wartelisten der Transplantationszentren als eine einheitliche Warteliste zu behandeln. Die Vermittlungsentscheidung ist für jedes Organ unter Angabe der Gründe zu dokumentieren.

Ist es nun möglich und sinnvoll, einheitliche oder gleiche Kriterien für die Allokationsentscheidungen z.B. von Nieren und von Lebern zugrunde zu legen? Die augenblickliche Praxis scheint dem zu widersprechen. Für die Nierentranslantation wird ein patientenorientiertes computergesteuertes Allokationsmodell verwendet, während für die Leberallokation ein eher zentrumsorientiertes Allokationsmodell zur Anwendung kommt, das die individuelle Entscheidung über die jeweilige Lebertransplantation den verantwortlichen Ärzten des Transplantationszentrums überläßt.

Die ständige Kommission Organtransplantation der Bundesärztekammer hat nach Empfehlungen einer „Subkommission zur Erarbeitung von Richtlinien zur Organverteilung und Patientenlistung im Rahmen der Herz- und Lebertranslantationen" am 28.10.1997 die Stiftung Eurotransplant gebeten, Herrn Wujciak, der das im folgenden zu beschreibende Nierenallokationsmodell im wesentlichen entwickelt hat, mit der Simulationsrechnung und Entwicklung eines gleichartigen Modells für die Herz- und Leberallokation zu beauftragen.

1. Nierenallokation

Bis zur Einführung des sogenannten „Wujciak-Allokationsalgorithmus" gab es für die Nierentransplantation sehr einfache Verhaltensregeln, da ein rechtlicher Zwang zur Einhaltung bestimmter Regeln nicht vorhanden war. Von jeweils zwei Spendernieren wurde eine lokal, regional im Bereich des Spenderzentrums an einen von der Wartezeit und Gewebeverträglichkeit her möglichst gut passenden Empfänger vergeben, während die zweite Niere über die Stiftung Eurotransplant national und international unter Kriterien der Gewebeverträglichkeit, der Dringlichkeit und der Wartezeit vermittelt wurde. Einzige Ausnahme war dabei der sogenannte „Mandatory Exchange" bei kompletter Gewebeverträglichkeit zwischen Spender und einem Eurotransplant-Empfänger. Bis auf einzelne haben sich die deutschen Transplantationszentren an diese freiwillige Allokationsregel gehalten, jedoch hat dieses System bei großer Warteliste und geringem Empfängeraufkommen eines Zentrums natürlich einen sehr negativen Effekt bezüglich der Transplantationschancen der Patienten gegenüber einer kleinen Warteliste in einem Zentrum mit relativ großem Spenderaufkommen.

Das nunmehr seit ca. zwei Jahren praktizierte Wujciak-Allokationsmodell basiert auf einem differenzierten Punktsystem, bei dem für die Anzahl übereinstimmender Gewebsantigene, für die Wahrscheinlichkeit eines sogenannten HLA-Mismatches, für die Wartezeit, die Entfernung zwischen Spender- und Empfängerzentrum und für die nationale Allokationsbalance jeweils zwischen 100 und 400 Punkte vergeben werden, wobei der Patient mit der höchsten Punktsumme das erste Angebot bei der Organzuteilung erhält. Dabei können bis zu sechs Antigenmerkmale übereinstimmen, um aber die Verminderung der Zuteilungschancen für immunisierte Transplantationsandidaten und solche mit homozygoten Antigenen zu verbessern, können weitere Punkte für diese Sondersituation zuerkannt werden. Bei Kindern wird zur Wartezeit ein zusätzlicher Bonus addiert und ein Empfänger in dem Transplantationszentrum, das auch den Organspender operiert hat, bekommt einen derzeit noch sehr hohen Punktvorteil, der in Richtung einer lokalen, regionalen Allokation wie früher wirksam wird. Sonderregelungen mit einer Laufzeit von zwei Jahren wurden für neue Zentren in den östlichen Bundesländern vereinbart, deren Transplantationszahlen und damit verbundene Existenzgrundlage sonst gefährdet wären.

Dieses Nierenallokationsmodell hat inzwischen eine breite Akzeptanz in der Transplantationsgesellschaft gefunden, lediglich die Gewichtung der Einzelfaktoren und damit die dazugehörige Punktzahl sind Gegenstand eines sogenannten „Feintunings", das durch entsprechende Beratungskommissionen bei Eurotransplant vorgenommen wird.

2. Kombinierte Nieren/Pankreastransplantation

Eine spezielle Gruppe für die Warteliste der Dialysepatienten stellen die juvenilen oder Typ-1-Diabetiker dar. Ausgehend von dem Wissen, daß die kombinierte Nieren/Pankreastransplantation heute eine Erfolgswahrscheinlichkeit von 80 % nach einem Jahr hat, und daß die Bauchspeicheldrüsentransplantation in zeitlichem Abstand von der Nierentransplantation wesentlich ungünstiger verläuft und schließlich der Tatsache, daß die sekundären Organkomplikationen bei Diabetikern an der Dialyse wesentlich schneller fortschreiten als nach einer Transplantation, wird dieser Patientengruppe bei akzeptablem Pankreasorganangebot gleichzeitig die dazu passende Niere ohne Berücksichtigung der sonstigen Nierenallokationskriterien zugewiesen. Wegen der eindeutigen medizinischen Vorteile für diese zumeist jungen Diabetiker und der noch kleinen Zahl von ca. 150 bis 160 in Frage kommenden Patienten pro Jahr wird dieses Vorgehen allgemein akzeptiert. Allerdings wurde vereinzelt auch erheblich Kritik geäußert, die sich sicherlich verschärfen wird, wenn die Anzahl der Pankreastransplantationen zunimmt.

3. Dünndarmtransplantation

In ähnlicher Weise wird für die Dünndarmtransplantation - wenn notwendig auch in Kombination mit anderen Organen, wie der Leber - eine Präferenz eingeräumt, da diese Transplantationen noch sehr im experimentellen Stadium stehen und eine zahlenmäßige Bedeutung auch in absehbarer Zeit für diese Organtransplantationsart kaum zu erwarten ist.

4. Lebertransplantation

Die ganze Problematik der medizinisch begründeten Regeln zur Organallokation wird aber am Beispiel der Lebertransplantation sichtbar. Da die Gewebeverträglichkeitsmerkmale bei der Lebertransplantation keine Rolle spielen, sollte man sich die amtliche Begründung zum Transplantationsgesetz noch einmal vornehmen. Hier heißt es: „In erster Linie sind für die Dringlichkeit der Gesundheitszustand des Patienten im Hinblick auf seine verbleibenden Überlebenschancen, für die Erfolgsaussicht Blutgruppe, Größe und Gewicht des Spenders in Betracht zu ziehen. Darüber hinaus sind in angemessener Gewichtung weitere Umstände, die nach medizinischer Beurteilung Einfluß auf Dringlichkeit und Erfolg der Transplantation haben können, wie z.B. die bereits verstrichene und eine weitere Wartezeit hinsichtlich eingetretener oder absehbarer zusätzlicher gesundheitlicher Belastungen einzubeziehen. Zu den Vermittlungsregeln gehören auch Kriterien, nach denen im Problemfall Dringlichkeit und Erfolgsaussicht gegeneinander abzuwägen sind."

Geht man davon aus, daß Patienten erst auf die Warteliste für eine Lebertransplantation gesetzt werden, wenn die Transplantation einerseits dringlich erforderlich ist und andererseits auch noch mit einer gewissen Wahrscheinlichkeit erfolgreich sein wird, dann könnte man die Lebern einzig und allein nach dem Losprinzip vergeben. Das Bewußtsein jedenfalls, Dringlichkeit und Erfolgsaussichten nicht adäquat in einem Zahlenmodell einfangen zu können, muß eigentlich zu einem zentrumsorientierten Allokationsmodell führen, wie wir es seit nun mehr als 10 Jahren in verschiedenen Varianten haben. Dabei werden dem einzelnen Transplantationszentrum Organe zugewiesen, die in Relation zur Anzahl der durchgeführten Transplantationen im Zeitraum der vergangenen sechs Monate die Aktivität und Leistungsfähigkeit aber auch in etwa die Größe der Warteliste berücksichtigen. Die verantwortlichen Ärzte im Transplantationszentrum wählen dann von der lokalen Warteliste den jeweils dringlichsten Patienten, denjenigen mit akzeptablen Erfolgsaussichten und denjenigen, der schon lange wartet, aus.

Viele Jahre haben wir mit diesem System relativ gut arbeiten können, aber es sind Unterschiede zwischen den einzelnen Transplantationszentren aufgetreten, insbesondere zwischen den sich neu etablierenden und den schon länger vorhandenen, die immer wieder zu Diskussionen über eine prinzipielle Änderung des Allokationsmodus geführt haben.

Nach dem Vorschlag der ständigen Kommission Organtransplantation der Bundesärztekammer soll ein zur Nierentransplantation analoges Punkte-Allokationssystem entwickelt und implementiert werden, das heißt zentrale patientenorientierte Allokation über eine einheitliche deutsche Warteliste. Die Voraussetzung ist dabei anders als bei der Nierentransplantation. Notwendig ist die Angabe eines differenziertes Anforderungsprofils bezüglich Beschaffenheit des Spenderorgans also Größe, Alter und Gewicht des Organspenders, sekundäre Organschäden, Infektionen, Funktionszustand und Fettgehalt der Leber usw. Danach wird die in vier Stufen unterteilte Dringlichkeit eine wichtige Rolle spielen, wobei wie bisher die höchste Dringlichkeit bei fulminantem Organversagen oder bei Versagen einer frisch transplantierten Leber Vorrang vor allen anderen Indikationen hat. Eine zweite spezielle Dringlichkeitsstufe soll für intensivbehandlungspflichtige Patienten mit sekundären Organinsuffizienzen neu eingerichtet werden, die dritte Stufe gilt für Patienten, die wegen ihrer Erkrankung im Krankenhaus behandelt werden müssen und die vierte Stufe ist für alle Patienten mit elektiver Transplantationsindikation vorgesehen. Die höchste Dringlichkeit oder auch „High Urgency Stufe" ist klar umrissen und umfaßt auch heute stabil etwa 15 - 20 % der im Eurotransplantbereich durchgeführten Transplantationen. Schwieriger ist schon die zweite Gruppe der Patienten mit spezieller hoher Dringlichkeit bei chronischer Lebererkrankung, die es so im Augenblick nicht mehr gibt, da letztlich absehbar wäre, daß bei Bevorzugung dieser Patientengruppe schließlich alle Patienten bis zum Stadium der Intensivbehandlungsbedürftigkeit auf die Transplantation warten müßten. Dies würde die Erfolgsaussichten aber drastisch reduzieren und insbesondere Patienten zu einem geeigneten früheren Zeitpunkt die Chance auf eine mit hoher Wahrscheinlichkeit erfolgreiche Transplantation verwehren.

Die Kommission der Bundesärztekammer hat daher vorgeschlagen, diese Gruppe auf etwa 15 % zu begrenzen und jedem Transplantationszentrum eine eigene, die wirklichen Verhältnisse realistisch abbildende Quote der von ihm bei Eurotransplant maximal anmeldbaren Dringlichkeitsfälle zuzuerkennen. Dadurch soll den beiden elektiveren Gruppen von Patienten, die im Krankenhaus oder zu Hause auf eine Leber warten, eine faire Chance zur Transplantation erhalten bleiben und andererseits das Kriterium der Erfolgsaussicht gestärkt werden, wobei die Kommission auch eher von einer Transplantation abrät, wenn die Wahrscheinlichkeit des Mißerfolgs der Organübertragung, die sich aus der Grunderkrankung, aktuellen bzw. individuellen Krankheitsumständen und Begleiterscheinungen ergeben kann, über 50 % liegt.

Soweit in groben Umrissen das derzeitige eher zentrumsorientierte, aber auf ärztlichen, individuellen Patientenentscheidungen beruhende Allokationssystem und das für die Zukunft vorgesehene, zentral von einer einheitlichen Warteliste ausgehende, als patientenorientiert eingestufte System der eher anonymen Organallokation, auf die der jeweils transplantierende Arzt keinen Einfluß mehr nehmen kann.

Mögliche Auswirkungen einer Änderung des Allokationssystems

Ich möchte nun die Probleme und Gefahren aufzeigen, die bei der Entwicklung eines patientenorientierten anonymen Allokationssystems bedacht sein wollen.

1. Zugang zur Warteliste

Wenn wir von jährlich etwa sechs- bis achttausend leberkranken Patienten ausgehen, die von einer Lebertransplantation profitieren können und dabei wissen, daß pro Jahr nur etwa 700 Lebertransplantationen in Deutschland durchgeführt werden können, dann muß man sich fragen, ob wir 1.000 oder 5.000 Patienten pro Jahr auf die Warteliste nehmen wollen in dem Wissen, daß entweder 300 oder 4.300 Patienten auf der Warteliste sterben werden. Dies heißt nicht nur vergebliche Hoffnung des Patienten und seiner Angehörigen sowie vermehrter Aufwand und Kosten, sondern auch oftmals medizinisch fragwürdiges Handeln.

Ein Tumorpatient mit einer Überlebenswahrscheinlichkeit von zwei bis drei Jahren und ein Hepatitispatient mit der Chance einer dauerhaften Heilung, ein älterer Alkoholkranker mit hohem Rückfallrisiko und eine junge Frau mit kleinen Kindern konkurrieren miteinander. Ich weiß, daß Sie die sozialen Aspekte des letztgenannten Beispiels als Juristen klar zurückweisen müssen, möchte aber doch zu bedenken geben, daß 1.000 sehr sorgfältig ausgewählte Empfänger, die fast alle transplantiert werden können gegenüber einer Mischung aus 1.000 sehr gut geeigneten und x weniger geeigneten Empfängern zu bevorzugen sind.

2. Größe der Warteliste

Ist dann die Zahl der in meinem Zentrum durchführbaren Transplantationen direkt oder indirekt abhängig von der Größe meiner Warteliste, so werde ich mich eher für eine Ausweitung der Warteliste unter Einschluß zusätzlicher Risikopatienten und weniger geeigneter Indikationen entscheiden, um meinen wissenschaftlichen Ambitionen zu genügen und die Infrastruktur meiner Klinik zu rechtfertigen und finanzieren zu können.

3. Indikation und Erfolgsaussicht

Welche Krankheitsbilder und Indikationen sich für eine Lebertransplantation besonders gut eignen, welche, wie z.B. Lebermetastasen eines Dickdarmkrebses dagegen ungeeignet sind, welche Dringlichkeit ein drohendes Nierenversagen, eine Enzephalopathie oder eine Dekompensation der Leberfunktion durch eine Blutungsepisode haben sollen, wird noch ausführlich diskutiert werden müssen. Es wird auch diskutiert werden, wann die Erfolgsaussichten so schlecht sind, daß eine Transplantation unterbleiben sollte, denn auch hier ist es zunächst eine individuelle ärztliche Entscheidung über die Behandlungsmöglichkeit und die Behandlungsindikation, die nicht von einem Computer oder einer anonymen Richtlinie übernommen werden kann.

Vor allem sehe ich in den vorgenannten Argumenten eine wesentliche Begründung dafür, Lebertransplantationen nur in erfahrenen Transplantationszentren mit entsprechendem klinischen und wissenschaftlichen Know-how, einer adäquaten klinischen Infrastruktur und einer ausreichenden Transplantationsfrequenz, die Routine und Erfahrung ermöglicht, durchzuführen. Die Aufnahme auf die Warteliste, wie auch die Allokationsentscheidung und die Durchführung der Transplantation sind untrennbar miteinander verbundene Bausteine des Erfolgs der Lebertransplantation und können nach meiner Meinung nicht durch das Transplantationsgesetz allein geregelt werden, sondern müssen auf ärztlichen Sachverstand, Kompetenz und Verantwortungsbewußtsein aufbauen.

Allokation von Spenderorganen - Medizinische Voraussetzungen und verwaltungsmäßige Handhabung im Mitteldeutschen Transplantationsverbund

H. Seiter; J. P. Hauss; J. Schubert

Einleitung

Wenn man unter Allokation die Umverteilung von Mitteln unter rationalen Gesichtspunkten versteht, dann bedeutet das für die Transplantationsmedizin eine Allokation nach Regeln, die, so wie es im Transplantationsgesetz festgeschrieben ist, dem Stand der Erkenntnisse der medizinischen Wissenschaften entsprechen, insbesondere nach Erfolgsaussicht und Dringlichkeit für geeignete Patienten. Da derzeitig die Schere zwischen zur Verfügung stehenden Organen und den auf eine Transplantation wartenden Patienten immer weiter auseinander klafft, kommt der Mangelverwaltung der zur Verfügung stehenden Organe eine immer größer werdende Bedeutung zu. Die Schwierigkeiten liegen in dem Problem der Definition derjenigen Faktoren, die Erfolgsaussicht garantieren und derjenigen, die eine Dringlichkeit definieren. Aus dem Umstand, daß sich Erfolgsaussicht und Dringlichkeit widersprüchlich als Verteilungskriterien gegenüber stehen können, und aus der Tatsache, daß es unter einer Rationierung, wie sie derzeitig die Verteilung der Organe auf die große Zahl der auf eine Transplantation Wartenden darstellt, eine allseits befriedigende Lösung nicht geben kann, wird ersichtlich, daß das Allokationsproblem in der Transplantationsmedizin nicht nur ein ärztliches, sondern ein gesamtgesellschaftliches Problem darstellt. Die Mediziner müssen Faktoren für die Erfolgsaussicht und Dringlichkeit nach dem Stand der Medizinischen Wissenschaften evaluieren und innerhalb von zu definierenden Zeitabschnitten reevaluieren. Die Gesellschaft dagegen muß unter Einbeziehung dieser von den Medizinern vorgegebenen Kriterien ein Verteilungsmodell erarbeiten, welches, bei unter Rationalisierungsbedingungen nicht möglicher absoluter Gerechtigkeit, eine höchstmögliche gerechte Verteilung anstrebt. Die gesamtgesellschaftliche Verantwortung wird deutlich, wenn ich CONRADS zitiere, der 1997 schreibt: „Verbindliche Zugangs- und Allokationsregeln in der Transplantationsmedizin in einem Rechtsstaat dürfen keine Ausschluß- und

Auswahlkriterien beinhalten, die die Grundrechte auf Menschenwürde, **Gleichheit**, körperliche Unversehrtheit und Leben mißachten."

Die Allokation zur Frage, wer erhält eine gesundheitsrelevante Ressource und wer nicht, beginnt für die Transplantationsmedizin bereits mit der Aufnahme in die Warteliste und erfordert danach eine Auswahl unter den Wartenden. Die Schaffung einheitlicher Kriterien für die Aufnahme in die Warteliste für eine Transplantation sowie die Kontrolle der Einhaltung dieser Kriterien ist genauso dringend gefordert, wie die Einhaltung der Meldepflicht aller Patienten, die für eine Transplantation geeignet sind.

Situation im Mitteldeutschen Transplantationsverbund. (MTV)

Nach der Wiedervereinigung Deutschlands wurde durch die politischen Entscheidungsträger zur baldigen Behebung der unzureichenden Kapazitäten auf dem Gebiet der Organtransplantationen die Einrichtung, Fortführung und Erweiterung von Transplantationszentren im Osten Deutschlands beschlossen. Bis zur Wende existierten in der ehemaligen DDR 3 Transplantationszentren für die Nierentransplantation, in Berlin, in Halle und in Rostock. Außerdem wurden Lebertransplantationen ausschließlich in Berlin und Herztransplantationen nur in Leipzig durchgeführt. Im Vergleich war die Transplantationsmedizin in der ehemaligen DDR gegenüber der Bundesrepublik nur sehr restriktiv entwickelt worden. Ein nur unvollständig ausgebautes Dialysesystem, in welches Patienten nur sehr restriktiv aufgenommen wurden, führte dazu, daß die Wartelisten in den Transplantationszentren der ehemaligen DDR klein waren und es zum Zeitpunkt der Wiedervereinigung in den Gebieten der ehemaligen DDR praktisch keine Langwarter auf eine Nierentransplantation gab.

Die großzügige, durch die Sozialministerien und Wissenschaftsministerien sowie durch den Wissenschaftsrat unterstützte Zielsetzung zum Ausbau der Transplantationsmedizin in den neuen Bundesländern führte nach hohen Investitionsleistungen zur Einrichtung von Transplantationszentren in Leipzig, Jena, Magdeburg und Dresden und zur Fortführung und Erweiterung der Transplantationszentren in Halle, Rostock und Berlin.

Bereits 1994 wurden Vorbereitungen für einen Mitteldeutschen Transplantationsverbund getroffen, die am 15. Juni 1995 als offizielle Vereinbarung zwischen den Transplantationszentren Halle, Jena, Magdeburg und Leipzig in Kraft trat. Der Mitteldeutsche Transplantationsverbund wurde bereits im selben Jahr im Mai 1995 als Verbund von Eurotransplant sowohl für die Nierenspende, für die Allokation und für die Transplantation, als auch für die extrarenalen Organe akzeptiert. Am 30. August 1995 trat das Herz- und

Kreislaufzentrum Dresden dem Transplantationsverbund bei, am 1. November 1995 das Herzzentrum der Universität Leipzig. Im Februar 1996 wurden die Wartelisten für die Lebertransplantation der Zentren Jena, Leipzig und Magdeburg zu einer gemeinsamen Warteliste vereinigt.

Trotz ungünstiger Startbedingungen der neuen Bundesländer nach der Wiedervereinigung entwickelte sich die Kooperation. Es entstand ein Verbund, in dem durch zahlreiche Sitzungen gemeinsame Vorgehensweisen bei der Organentnahme, bei der Nierentransplantation, bei der Leber-, Herz- und Lungentransplantation verabredet wurden. Alle Details wurden mit Eurotransplant abgestimmt. Die Deutsche Transplantationsgesellschaft und die Deutsche Stiftung Organtransplantation wurden einbezogen. Auch waren bei zahlreichen Treffen Vertreter der genannten Organisationen anwesend. Der so entstandene Verbund entsprach Konzeptionen, wie sie heute sowohl von der DSO als auch von der DTG als aktuelle Konzepte verfolgt werden. Durch die reibungslose Zusammenarbeit, die Vorteile der Regionalisierung ausnutzend, kam es rasch zum Anstieg der Organtransplantationen, aber auch der Spendebereitschaft und zum kontinuierlichen Anstieg der Zahl der Organspenden. Die Vorteile der Regionalisierung waren die gemeinsame Nutzung von Ressourcen, wie den 2 Typisierungslabors oder der Koordination der Organentnahmen, kürzere Wege mit den daraus resultierenden kürzeren Ischämiezeiten. Die Reduktion der Flüge in weit entfernte Transplantationszentren zur Organentnahme führte zu beträchtlichen Kosteneinsparungen. Die steigenden Organspendezahlen belegten eindrucksvoll, daß ein wesentlicher Anreiz zur Organspende ein funktionierendes regionales Transplantationszentrum ist. Neben den Vorteilen der kürzeren Ischämiezeiten und der Kostenersparnis ist als weiterer wesentlicher Vorteil die Nachsorge vor Ort zu nennen. Dieser Vorteil macht sich neben der vor Ort durchgeführten Routinenachsorge besonders bei Akutsituationen bemerkbar. Es gibt viele Beispiele, wo in schwierigen Situationen durch die räumliche Nähe optimale Ergebnisse erreicht werden konnten. Bei der Leber- und Herzallokation wurde ein 1:1-Rotationsprinzip eingeführt, welches sich rasch bewährte. Im Oktober 1996 wurde durch Eurotransplant das geschaffene Regionalisierungskonzept für die Leberallokation aufgehoben und die Lebertransplantationszentren Jena, Magdeburg und Leipzig werden seitdem wieder getrennt geführt, ein Umstand, der sich bis heute nachteilig auf die Entwicklung der Lebertransplantation in den neuen Bundesländern ausgewirkt hat.

Auch im Bereich der Nierentransplantation änderte sich die Situation als 1996 bei Eurotransplant ein neues Vergabemodell, auch WUJCIAK-Modell (x comb-1) genannt, eingeführt wurde. Das Ziel dieses neuen Vergabemodells war der Abbau der sogenannten Langwarter, die rasche Versorgung der Kinder mit einem Transplantat und ein Länderbilanzausgleich, da sich zwischen den einzelnen Ländern bei Eurotransplant eine erhebliche „Import-Export-Bilanz" ergeben hatte. Während die Bundesrepublik Deutschland überwiegend eine Positivbilanz hatte, waren Länder wie Belgien, Holland und Österreich mit einer Negativbilanz belastet. Ursache dieser Bilanzunterschiede waren vor allem die unterschiedlichen Wartelistengrößen. Während die Bundesrepublik Deutschland eine insgesamt große Warteliste hatte und damit eine erhebliche Sogwirkung ausübte, waren die anderen genannten ET-Länder mit vergleichbar deutlich kleineren Wartelisten Organlieferanten und so zunehmend mit Negativbilanzen belastet. Das Ziel des Modells mit dem Abbau der Langwarter, der Kinderwarteliste und einem Ausgleich der Länderbilanz wurde erreicht, jedoch kam es nun innerhalb der Bundesrepublik Deutschland zu erheblichen Disbalancen, die sich besonders auf den Mitteldeutschen Verbund auswirkten. Aufgrund der noch kleinen Wartelisten in den neuen Bundesländern kam es trotz hoher Organspendeaktivitäten zu einem zunehmenden Organexport aus diesem Verbund. Auf Kosten der sich ausgleichenden Länderbilanz war das eingeführte Allokationssystem x-comb-1 Ursache dafür, daß sich im Mitteldeutschen Verbund rasch Import-Export-Imbalancen von -100 und mehr ausbildeten.

Das Nierentransplantationszentrum Rostock trat mit Wirkung vom 25. Juni 1996 aus dem Norddeutschen Verbund aus und schloß sich dem Mitteldeutschen Transplantationsverbund an. Der Grund für diesen Wechsel aus der norddeutschen in die mitteldeutsche Region war ebenfalls der sich für das Rostocker Zentrum im Vergleich zu den übrigen Norddeutschen Zentren ausbildende erhebliche Export-Überschuß von explantierten Organen. Während in Mecklenburg-Vorpommern zur damaligen Zeit europaweit die höchsten Organspendeaufkommen erzielt wurden, kam es zu einem bedrohlichen Absinken der Transplantationszahlen, die für den Fortbestand des Transplantationszentrums existenzbedrohend geworden wären. Ursache für diese Imbalance waren die unterschiedlich großen Wartelisten zwischen den Transplantationszentren im Norddeutschen Verbund. Während alle dem Verbund angegliederten Zentren der Region gemeinsam von der sogenannten Distanceregelung, die sich aus der Entfernung zwischen Spender und Empfänger für jede durchgeführte Organspende mit Bonuspunkten ergibt, partizipierten, war es klar, daß das Rostocker Zentrum trotz des größten Organaufkommens in der Region bei nur kleiner Warteliste dieses deutliche Absinken der Transplantationszahlen erfuhr. Ein folgerichtiger Schritt war der Beitritt des Rostocker Zentrums zum Mitteldeutschen Transplantationsverbund, in dem sich nun die Transplantationsprogramme aller neuen Bundesländer vereinigten. In diesem Verbund waren aufgrund der etwa gleichgroßen Wartelisten für alle Transplantationsprogramme gleiche Voraussetzungen gegeben, um von den Distancebonuspunkten in angemessener Weise profitieren zu können.

Desweiteren suchte man gemeinsam nach Lösungswegen, um die erhebliche Diskrepanz zwischen Organspendezahlen und Organtransplantationen im Mitteldeutschen Verbund gegenüber den anderen deutschen Regionen nicht weiter ausufern zu lassen, und eine Negativbilanz, die das Fortbestehen der mit hohem Aufwand eben erst etablierten Zentren in hohem Maß gefährdet, abzubauen. In der Folgezeit fanden zahlreiche Treffen statt, wurden Briefwechsel mit

Eurotransplant, der Deutschen Transplantationsgesellschaft und der Deutschen Stiftung Organtransplantation geführt, in denen versucht wurde, diese für alle Transplantationsprogramme des Mitteldeutschen Verbundes bedrohlichen Entwicklungen zu beeinflussen. Als sich die Import-Export-Balancen indessen immer weiter in den Negativbereich verschoben, wurde kurzfristig entschieden, unabhängig vom bestehenden Verteilungsmodell eine Niere regional zu transplantieren. Ausnahmeregelungen waren nur für außerhalb des Verbundes wartende full house-Empfänger oder high urgency-Patienten vorgesehen. Eurotransplant wurde über dieses Vorhaben informiert. Die Verteilung der lokal transplantierten Niere erfolgte innerhalb des Verbundes nach ET-Regeln unter Beachtung der HLA-Mismatches, der HLA/ABO-Häufigkeit und der Wartezeit. Im Weiteren fanden Gespräche mit den Landesregierungen und den Vorsitzenden der Ärztekammern der neuen Bundesländern statt. In diesen Gesprächen wurde nach Auswegen aus der von uns so nicht beabsichtigten Entwicklung gesucht. Als Ursache für die unterschiedlichen Entwicklungen in beiden Teilen Deutschlands wurden unterschiedliche Wartelistengrößen in der ehemaligen BRD und DDR erkannt und durch reale Zahlen belegt. Während in Deutschland 1996 noch 100,6 Patienten/Million Einwohner auf einer Warteliste zur Nierentransplantation standen, waren es im Mitteldeutschen Verbund lediglich 34,4 Patienten/Million Einwohner. Hieraus ist eindrucksvoll ersichtlich, daß die Wartelisten weder in den alten Bundesländern noch in den neuen Bundesländern dem tatsächlichen Bedarf entsprechen, da die Zahl der Niereninsuffizienten pro Million Einwohner deutschlandweit nicht so weit differieren können. Die gegenwärtigen Wartelisten entsprechen weder in den alten Bundesländern mit Zentren, die über 1000 Patienten auf ihren Listen haben, noch in den neuen Bundesländern dem tatsächlichen Bedarf. Logischerweise ergab sich daraus der Vorschlag, daß zwar Wartelisten für die Organallokation zugrundegelegt werden müssen, daß aber die derzeitig existierenden Wartelisten ein „schiefes" Bild des Bedarfs darstellen und eine Lösung nur über eine Angleichung der Wartelisten Ost/West möglich ist. Nach Einschätzung der Gesamtsituation wird für die Angleichung der Wartelisten insgesamt ein Zeitraum von mindestens 5 Jahren veranschlagt. Nach zahlreichen Gesprächen mit Vertretern der Deutschen Transplantationsgesellschaft, der Deutschen Stiftung Organtransplantation und der Bundes-Ärztekammer wurde die Situation im Mitteldeutschen Verbund wie folgt herausgearbeitet:

der tatsächliche Versorgungsbedarf der Bevölkerung ist nicht aus den bestehenden Wartelisten abzulesen,
ein nicht unerheblicher Teil der Wartelistenkandidaten aus der mitteldeutschen Region ist auf anderen Wartelisten gemeldet,
realistisch ist die Orientierung des Transplantationsbedarfes an der Bevölkerungsdichte,
für den Mitteldeutschen Verbund ergibt sich die Notwendigkeit eines tragbaren Kompromisses.

Auf der Suche nach einem solchen Kompromiß wurde mit den Gremien von Eurotransplant beraten, um für den Mitteldeutschen Verbund eine Lösung zu finden. In Erwartung dieser Lösung wurde mit Wirkung vom 15.02.1997 dann das Zurückhalten einer Niere und die Verteilung dieses Organs innerhalb des Mitteldeutschen Verbundes eingestellt. Der Mitteldeutsche Verbund erhielt ab August 1997 zunächst für die Dauer von 2 Jahren den Status einer Sonderregion bzw. „Nation" mit einer Bonuspunktaufwertung analog den kleinen ET-Ländern ab einer Negativbilanz von -40. Die Folge dieses eingeführten Ost-korrigierten x-comb-2 Modells war eine Abnahme der Disbalancen, die zwar heute weiter vorhanden, aber deutlich reduziert sind. Weiterhin kam es zum Anstieg der Transplantationsfrequenzen und zum Anstieg der Wartelisten. Auch heute noch werden aus dem Mitteldeutschen Verbund mehr Organe in den Eurotransplantpool eingespeist als aus diesem entnommen werden. Die intensiven Bemühungen um die Organspende haben im Verbund, ausgelöst durch viele Aktivitäten, zu einem Ausbau der Organspende geführt. Die Wartelisten konnten durch Aufklärung und Informationen in allen Zentren weiter aufgebaut werden und es stellt sich zunehmend eine Situation ein, in der es für die auf ein Organ wartenden potentiellen Empfänger in den neuen Bundesländern am günstigsten ist, wenn sie sich auf der jeweiligen lokalen Warteliste eintragen.

Ausblick

Der dem Mitteldeutschen Transplantationsverbund bezüglich der Allokation von Nieren eingeräumte Sonderstatus scheint die erheblichen aufgezeigten Diskrepanzen für die Ostdeutsche Bevölkerung in der Allokation auszugleichen. Die Halbzeitauswertung nach einem Jahr ergibt bei noch vorhandenen aber abnehmenden Disbalancen sowohl einen Anstieg der Transplantationsfrequenzen als auch der Zahl der Wartenden. Dabei werden vom Mitteldeutschen Transplantationverbund weiter mehr Nieren für das Eurotransplant-System zur Verfügung gestellt als aus diesem entnommen werden. Dennoch ist nicht vorhersehbar, daß mit dem Auslaufen der Sonderregelung 1999 für den Mitteldeutschen Transplantationsverbund die aufgezeigten Probleme so ausgeräumt sind, daß die Existenz der mitteldeutschen Transplantationszentren garantiert ist. Es ist einzuschätzen, daß eine Angleichung der Wartelistengröße erst in weiteren 3 Jahren erreichbar ist.

Das im Dezember 1997 verabschiedete Transplantationsgesetz fordert eine einheitliche Warteliste für die Bundesrepublik Deutschland. Es ist dringend erforderlich, daß für die Aufnahme in diese einheitliche Warteliste einheitliche überprüfbare Kriterien geschaffen werden, denn es steht zweifelsfrei fest, daß mit der Aufnahme in die Warteliste die Allokation beginnt, d. h. das Patienten, die zwar transplantationsbereit sind, aber nicht für die Transplantation gemeldet werden, genauso die Warteliste verfälschen, wie Patienten, die in die Liste aufgenommen werden, obwohl sie die medizinischen Kriterien für eine Transplantation nicht erfüllen. Die Zahl der Dialysepatienten, die auf einer Warteliste für eine Nierentransplantation stehen, beläuft sich gegenwärtig in Deutschland auf ca. 105 Patienten/Million Einwohner. Neben der Schaffung einheitlicher überprüfbarer Kriterien für die Aufnahme in die Warteliste ist es erforderlich, die medizinischen Kriterien für die Allokation, die sich laut Gesetz besonders auf die sich teilweise widersprüchlich gegenüberstehenden Parameter Erfolgsaussicht und Dringlichkeit konzentrieren, ebenfalls im breiten Konsenz zu entwickeln. Die Erfolgsaussicht wird besonders durch den Grad der Übereinstimmung im HLA-System und durch die Wahrscheinlichkeit der Sofortfunktionsaufnahme definiert, während die Dringlichkeit für alle Patienten, die sich auf der einheitlichen Warteliste befinden, abgesehen von Einzelfällen mit high urgeny-Status grundsätzlich gleich sein sollte.

So sinnvoll die Regionalisierung für die Zusammenarbeit von Transplantationszentren im Rahmen der Organspende ist, für die Nierentransplantation wäre sie nur dann gerecht, wenn bezüglich der Warteliste auf die Nierentransplantation in der Region gleiche Voraussetzungen bestehen würden. Ansonsten gäbe es Verwerfungen, die entweder nur über Bilanzen lösbar wären oder die zur Benachteiligung bis zur Existenzgefährdung einzelner Zentren führten. Ein gerechterer, nach meinem Verständnis gesetzeskonformer Lösungsweg ergibt sich aus folgendem Ansatz:

Für die auf der einheitlichen Warteliste rekrutierten Patienten stehen derzeitig pro Jahr zwischen 2000 und 2100 Nieren zur Transplantation zur Verfügung. Wenn man diese ca. 2000 Transplantationen bei einheitlicher Warteliste, d. h. nicht mehr existenten Wartelisten der einzelnen Transplantationszentren jeweils in den regionalen Transplantationszentren, d. h. denjenigen Transplantationseinrichtungen, die in nächster Nähe des Wohnortes des Patienten liegen, allokiert nach Erfolgsaussicht und Dringlichkeit, durchführt, werden alle Nierentransplantationszentren, die einen Einzugsbereich zwischen 1,5 und 2 Millionen Einwohner betreuen, eine Transplantationsfrequenz pro Jahr erreichen, die den geforderten Qualitätskriterien gerecht wird. Die Berufung der Transplantationszentren ist laut Transplantationsgesetz Aufgabe der Landesregierungen. Es sollte diesen auch überlassen werden, wie viele Transplantationszentren sie unter Berücksichtigung der Notwendigkeit der Erreichung einer gewissen Mindestzahl von Transplantationen sie in ihrer Region berufen. Die gesetzlich vorgeschriebene einheitliche Warteliste, die die Wartelisten der einzelnen Transplantationszentren abschafft, garantiert dann bei Erstellung eines Allokationssystems, welches dem Stand der medizinischen Wissenschaften entspricht, in den von den Landesregierungen berufenen Transplantationszentren, die jeweils einen Versorgungsauftrag für mindestens 1,5 bis 2 Millionen Einwohnern haben, eine Transplantationsfrequenz, die die Ausführung der Transplantation in hoher Qualität regional garantiert (ca. 25 Nierentransplantationen pro Millionen Einwohner). Gleichzeitig würde der Forderung einer wohnortnahen

Patientenversorgung Rechnung getragen. Es würde dann nicht transplantationszentrumsorientiert eine Allokation durchgeführt, sondern, wie im Transplantationsgesetz gefordert, patientenorientiert allokiert und nach Erfolgsaussicht und Dringlichkeit bundeseinheitlich transplantiert werden.

Autorenverzeichnis

Hauss, J.-P., Prof. Dr. med., Direktor der Chirurg. Klinik und Poliklinik II, Abdominal-, Transplantations- und Gefäßchirurgie, Universitätsklinikum Leipzig, Liebigstraße 20 a, 04193 Leipzig

Schubert, J., Prof. Dr. med., Direktor der Klinik und Poliklinik für Urologie Friedrich-Schiller-Univers. Kliniken Jena, Lessingstraße 1, 07743 Jena

Seiter H., Prof. Dr. med., Direktor der Urologischen Klinik und Poliklinik, Universität Rostock, Ernst-Heydemann-Straße 6, 18055 Rostock

Anwendung ethischer Prinzipien bei der Begutachtung am Beispiel der Lebendnierenspende

S. Reiter-Theil

1. Einleitende Bemerkung

Dieser Beitrag beruht auf ersten Erfahrungen mit der Begutachtung potentieller Lebendnierenspender und -empfänger, die die Autorin in ihrer Eigenschaft als psychologische Psychotherapeutin und Medizinethikerin seit Jahresbeginn 1998 am Freiburger Universitätsklinikum durchführt. Auf dem Hintergrund der bisherigen Fälle ergeben sich fachpsychologische Fragen, aber auch solche der ethischen Orientierung in dieser spezifischen Begutachtungsaufgabe vor Lebendspende, die zur Formulierung von Thesen anregen. Diese Fragen und Thesen sollen im folgenden entwickelt, begründet und zur Diskussion gestellt werden. Dabei wird die Prämisse gesetzt, daß eine solche Begutachtung ihrerseits ethischen Kriterien entsprechen sollte, die mit den ethischen Grundlagen professionellen Handelns des Gutachters - hier speziell des psychologischen - in Einklang stehen (Reiter-Theil, 1997a und b, 1996, 1994, 1993).

2. Welche ethischen Prinzipien sind bei der Begutachtung vor Lebendnierenspende angesprochen?

2.1 Das Transplantationsgesetz (TPG)

Im Transplantationsgesetz werden Kriterien für die Zulässigkeit der Lebendspende von Nieren formuliert, die explizit oder implizit ethische Prinzipien enthalten. Dies zeigen die folgenden Zitate aus dem Gesetz über die Spende, Entnahme und Übertragung von Organen (Transplantationsgesetz - TPG) vom 5. November 1997:

„§8 *Zulässigkeit der Organentnahme*

(1) Die Entnahme von Organen einer lebenden Person ist nur zulässig, wenn ....
Die Entnahme von Organen, die sich nicht wieder bilden können, ist darüber hinaus nur zulässig zum Zwecke der Übertragung auf Verwandte ersten oder zweiten Grades, Ehegatten, Verlobte oder andere Personen, die dem Spender in besonderer persönlicher Verbundenheit offenkundig nahestehen.
(2) Die Entnahme von Organen bei einem Lebenden darf erst durchgeführt werden, nachdem ....
Weitere Voraussetzung ist, daß die nach Landesrecht zuständige Kommission gutachtlich dazu Stellung genommen hat, ob begründete tatsächliche Anhaltspunkte dafür vorliegen, daß die Einwilligung in die Organspende nicht freiwillig erfolgt oder das Organ Gegenstand verbotenen Handelstreibens nach §17 ist. Der Kommission muß ein Arzt, ..., eine Person mit der Befähigung zum Richteramt und eine in psychologischen Fragen erfahrene Person angehören."
(Bundesgesetzblatt I ausgegeben zu Bonn am 11. November 1997, 2631-2639; Hervorhebungen d.d. Autorin)

Aus diesen Passagen sind drei Kriterien zu entnehmen, die vom Gesetz her in der Begutachtung berücksichtigt und untersucht werden sollen:

Der Spenderkreis und dessen Restriktion: Das Gesetz fordert eine besondere persönliche Verbundenheit zwischen Spender und Empfänger, sofern diese nicht Verwandte ersten oder zweiten Grades, Ehegatten oder Verlobte sind; dies entspricht einer u.U. folgenreichen Differenzierung zwischen den Kategorien „Familie i.w.S." und „Nicht-Familie",

Die Freiwilligkeit oder der sog. Informed Consent: Anhaltspunkte für eine nicht freiwillige Einwilligung in die Organspende sind auszuschließen,

Abwesenheit kommerzieller Motive: Anhaltspunkte für verbotenes Handelstreiben mit dem Organ sind auszuschließen.

In explizit ethischen Begriffen berühren diese drei Kriterien das Prinzip der gerechten Regelung des Zugangs zu einem knappen Gut, dem Spenderorgan, durch Restriktion und Kontrolle der Spenderkreise, das Prinzip der Achtung von Autonomie und Selbstbestimmung beim potentiellen Spender mit einem Akzent auf Ausschluß von Einschränkungen der Freiwilligkeit und schließlich das Prinzip der Unverkäuflichkeit von Teilen des menschlichen Körpers im Dienste der Menschenwürde oder allgemeiner abendländischer Wertvorstellungen.

Entgegen mancher Meinungen bedeutet diese im Transplantationsgesetz enthaltene Kriteriologie noch keine Aussage über die Voraussetzungen oder Qualitäten von „Altruismus" beim potentiellen Spender (vgl. demgegenüber begriffliche Unklarheiten bei Baumann, 1998, oder Bunzendahl, 1996); noch weniger werden Aussagen darüber gemacht, wie das Verhältnis zwischen einem zulässigen Eigeninteresse am Wohlergehen des Patienten - z.B. im Hinblick auf ein gemeinsames Weiterleben - und dem Motiv des Helfens als Merkmal des Altruismus sein könnte. „Reiner Altruismus" des Spenders wird von diesem Transplantationsgesetz gerade nicht gefordert, sofern für die Spende per definitionem nur ein Personenkreis mit einem authentischen und zulässigen Eigeninteresse am Wohlergehen des Patienten toleriert wird (vgl. Kriterium 1/Spenderkreis). Hier bedarf es einer theorie- und forschungsgestützten Klärung der Motivanteile (vgl. die psychologische Altruismusforschung; hierzu Bierhoff, Montada, 1988), um künftig terminologische und praktische Ungenauigkeiten zu vermeiden. Hierzu einschlägige Arbeiten, die auf die Praxis der Transplantationsmedizin Bezug nehmen, sind in Deutschland aus kontingenten Gründen allerdings erst in Ansätzen vorhanden (Freund et al., 1995; Löw-Friedrich et al., 1996; Schweidtmann u.a., 1997; Wilhelm et al., 1997). Aber auch amerikanische Forschungsberichte, die über medizinische Fragen der Organtransplantation im Zusammenhang mit Lebendspende hinausgehen, sind weitgehend deskriptiv und liefern selten theoretische Grundlagen für eine differenzierte Motivanalyse (Beasley et al., 1997; Bunzendahl, 1996; Kasiske u.a., 1995; McMaster u.a., 1995; Price, 1996; Spital, 1996).

Gutmann (1997) diskutiert kritisch die Varianten der Restriktion der Spenderkreise und deren Begründungen, die bis zur Formulierung des Transplantationsgesetzes vorgeschlagen wurden. Für eine offene Diskussion der im Gesetz formulierten Restriktion der Spenderkreise und deren Interpretation in der Praxis spricht nicht nur eine fallweise erkennbare Interessenlage Betroffener, sondern auch die empirische Evidenz, daß in der Medizin Tätige eine *altruistische Spende* zwischen einander nicht nahestehenden oder auch einander nicht bekannten Personen teilweise durchaus akzeptieren würden: So fanden z.B. Freund et al. (1995) 30% Zustimmung in der Gruppe des medizinischen Personals.

2.2 Aufgabe der Begutachtung

Für die eingehendere Untersuchung der Begutachtungsaufgabe ergeben sich daraus folgende Fragen:

- Welche Unterschiede werden seitens des TPGs hinsichtlich der Zugehörigkeit des Spenders zu Kategorie „Familie i.w.S." oder „Nicht-Familie" vorausgesetzt und mit welcher Begründung?
- Ist diese Position nachvollziehbar und geeignet als Grundlage der Begutachtung?
- Wie stellen sich diese Unterschiede in den Kriterien 2 und 3 dar, d.h.: Welche Zusammenhänge bestehen zwischen der Zugehörigkeit zu einer Gruppe einerseits und der Freiwilligkeit bzw. kommerziellen Interessen andererseits?
- Wie können drei Kriterien gutachtlich untersucht und beurteilt werden?

- Welche fachlichen Grundlagen und welche Rahmenbedingungen für die Begutachtung sind hier angemessen?
- Wie ist das Verhältnis der geforderten Fachbegutachtungen - Medizin - Recht - Psychologie - zueinander?
- Sollen alle drei Disziplinen zu den gleichen Fragen Stellung nehmen, oder kann und soll hier Arbeitsteilung erfolgen?
- Kann für den Begutachtungsvorgang insgesamt eine gemeinsame ethische Basis verbindlich gemacht werden, oder gibt es fachlich bedingte Unterschiede in der ethischen Gewichtung der Kriterien?

3. Psychologische Begutachtung vor Lebendspende: die ethische Dimension

Mit dem Transplantationsgesetz wird ein neuer Aufgabenbereich psychologischer Begutachtung, speziell im Zusammenhang mit der Spende einer Niere durch eine lebende Person für eine bestimmte andere bedürftige Person, geschaffen. Das Gesetz qualifiziert nicht, auf welchen fachlichen und ethischen Grundlagen diese psychologische Begutachtung beruhen soll. Erste Erfahrungen in Freiburg mit der psychologischen Begutachtung potentieller Spender bzw. Empfänger einer Niere lassen einen Bedarf an Diskussion und Erfahrungsaustausch, insbesondere hinsichtlich der ethischen Grundlinien für die Durchführung dieser psychologischen Begutachtung erkennen.

Angesichts der anhaltenden Kontroversen über ethische und rechtliche Fragen im Kontext der Organentnahme und Organübertragung insgesamt, die die fachliche und öffentliche Diskussion charakterisieren, muß die psychologische Begutachtung unbedingt professionell und ethisch kompetent erfolgen. Dies trifft um so mehr zu, als die psychologische Begutachtung hier u.a. Motive, Einstellungen und Haltungen der Beteiligten zum Gegenstand der Untersuchung macht, also die Persönlichkeit des Gesprächspartners im Innersten betrifft. Konsequenterweise muß die „psychologische Invasivität" einer Begutachtung durch allgemeine profesionelle und ethische Regeln begrenzt werden. Inwieweit dies auch für die ärztliche und die juristische Begutachtung zutrifft, sollte mit den entsprechenden Fachvertretern diskutiert werden. Es erscheint grundsätzlich akzeptabel, wenn zwischen den beteiligten Disziplinen Unterschiede in der Akzentsetzung bestehen. Diese sollten jedoch einen ethischen Grundkonsens nicht in Frage stellen.

Für die psychologische Begutachtung im Kontext einer Lebendspende ist ein weiterer Aspekt wichtig: Aus einer professionellen und vertrauensvollen Exploration können sich Anhaltspunkte für eine prognostische Einschätzung der Beteiligten ergeben, sowohl auf der Seite des potentiellen Spenders als auch des potentiellen Empfängers. Auch wenn keine der im Transplantationsgesetz thematisierten Ausschlußgründe (z.B. fehlende Freiwilligkeit) vorliegen, kann eine Organspende wie ein Organempfang psychologisch und moralisch problematische Verläufe oder Ergebnisse auslösen, die sogar einen chirurgisch erzielten medizinischen Erfolg beeinträchtigen können. Eine der Aufgaben der psychologischen Begutachtung sollte daher darin bestehen, solche Schwierigkeiten frühzeitig zu erkennen und geeignete vorbeugende oder begleitende Maßnahmen der Unterstützung bei der Verarbeitung der Eingriffe zu empfehlen. Dies korrrespondiert mit den im TPG an anderer Stelle geforderten Aufgaben der psychologischen Begleitung und Nachbetreuung der Patienten. Über die Organisation und Koordination dieses Bereiches muß im interdisziplinären Kontext gesondert beraten werden.

Nimmt man diese Facette einer kompetenten psychologischen Begutachtung ernst, so bedeutet dies in erster Linie einen Beitrag zum Wohl des Patienten - Spender oder Empfänger - und zur Vermeidung möglicher psychischer Belastungen, die über das mit den Eingriffen verbundene Leiden hinausgehen oder anhalten. In zweiter Linie vermag dieser Fokus auf Prävention den Akzent der psychologischen Begutachtung dahingehend zu setzen, daß nicht die Kontrolle oder gar das Mißtrauen gegenüber den Motiven der Beteiligten im Vordergrund steht, sondern vielmehr eine noch immer außergewöhnliche, aber mögliche Hilfe aus dringendem medizinischen Handlungsbedarf erwogen, geprüft und ggf. eröffnet wird. Damit wird deutlich, daß die psychologische Begutachtung eine gegenüber der geplanten medizinischen Intervention unabhängige und unvoreingenommene Untersuchung darstellen muß, die im günstigen Fall eine eigenständige Perspektive der Unterstützung des Erfolgs der Organtransplantation mit sich bringen kann. Im ungünstigen Fall dient sie immerhin dazu, den potentiellen Spender, aber auch den potentiellen Empfänger, vor psychischen, moralischen oder sozialen Komplikationen zu bewahren und die Transplantationsmediziner in kritischen Entscheidungen zu unterstützen.

Wer soll die psychologische Begutachtung durchführen? Das TPG spricht von einer „in psychologischen Fragen erfahrenen Person", während in den beiden anderen Gebieten klarere professionelle Vorgaben formuliert werden. Zur Abgrenzung zwischen einer alltagspsychologischen Kompetenz, die auch Laien beanspruchen können, und einer für die Begutachtung qualifizierenden psychologischen Kompetenz ist auf akademische (Diplom in Psychologie) bzw. professionelle (Psychotherapeutische Weiterbildung) Voraussetzungen zurückzugreifen. Zudem sind Differenzierungen innerhalb der akademischen Psychologie und der Psychotherapie zu berücksichtigen, die für die Begutachtungsaufgabe Bedeutung haben, insbesondere die Moralpsychologie, die Klinische Psychologie, die Familienpsychologie sowie unterschiedliche Schulen der Psychotherapie wie Familientherapie, Verhaltenstherapie, Tiefenpsychologie u.a.

Mit diesen Spezifizierungen ist jedoch - mit Ausnahme der Moralpsychologie - noch nichts für die spezifisch ethische Dimension der Begutachtung gewonnen. In

Deutschland erfolgt bisher überwiegend keine systematische Qualifikation der Psychologen oder Psychotherapeuten für ethische Problemstellungen und -lösungen. Ähnliches gilt für die Medizinerausbildung. Daraus folgt, daß für eine kompetente (psychologische) Begutachtung nach den im Gesetz formulierten Kriterien und im Hinblick auf eine zu verantwortende Einschätzung der Prognose, wie das Spender-Empfänger-Paar mit den Folgen der Organübertragung zurechtkommen wird, ein ethischer Leitfaden und eine geeignete Einführung benötigt wird, die möglichst eine integrative Grundlage für alle beteiligten Fachdisziplinen schaffen sollen.

Die Begutachtung der psychologischen Dimension mit ihren moralischen und ethischen Implikationen darf nicht verwechselt werden mit einer psychiatrischen Feststellung der Entscheidungskompetenz eines potentiellen Spenders oder dem Ausschluß relevanter Störungen, beispielsweise psychotischer Wahrnehmungsverzerrungen. Eine solche Ausschlußdiagnostik sollte bei Bedarf und bei begründetem Verdacht durchgeführt werden; eine i.e.S. psychiatrische Exploration spendewilliger gesunder Personen kann als tiefgreifende Infragestellung und als Zumutung verstanden werden.

Ähnlich wie in der medizinischen Ausbildung ist auch in der Psychologie die Ausbildung in Ethik an deutschen Universitäten unzureichend. Dies gilt auch für die postgraduale Weiterbildung in den verschiedenen psychotherapeutischen Richtungen. Entsprechende Konzepte sind jedoch vorhanden, und das Interesse an Ethik ist bei praktizierenden Klinischen Psychologen und Psychotherapeuten groß.[1] Für die künftige psychologische Begutachtung im Zusammenhang mit einer geplanten Lebendspende sollte daher eine Verständigung über die fachlichen Grundlagen, vor allem aber auch über die ethischen Leitlinien dieser Begutachtung erfolgen. Als ein erster Beitrag zu dieser Diskussion wurden die folgenden Pflichten des psychologischen Gutachters in Form von Thesen formuliert.

4. Ethische Grundlagen psychologischen Handelns

Verhältnis zwischen Begutachtung, Beratung, Therapie, Prävention und Nachsorge

4.1 Positive Pflichten des psychologischen Gutachters

Konzentration auf den Auftrag der Begutachtung:

---

[1] Dies zeigte eine Tagung des ZERM (ZENTRUM FÜR ETHIK UND RECHT IN DER MEDIZIN, Universitätsklinikum Freiburg) zur „Ethik in der Psychotherapie" am 14.1.1998 mit rund 100 Teilnehmern aus der Region.

- Ausschluß von Nicht-Freiwilligkeit der Entscheidung zur Lebendnierenspende
- Offenheit bezüglich des Entscheidungsprozesses und -ergebnisses
- Exploration der Entscheidung und der Entscheidungsfindung
- Integration der Entscheidung in die Persönlichkeit und in den Lebenszusammenhang der Betroffenen

Berücksichtigung der Vorgeschichte und des Kontextes:
- Leiden, Einschränkung, Angst
- Belastung und Bewältigung in der Vorgeschichte und durch die geplanten medizinischen Interventionen
- Beziehungskonstellation
- Motivation der Beteiligten

Orientierung an den Grundprinzipien der Ethik psychologischen Handelns:
- Respekt vor der Autonomie/Selbstbestimmung der Beteiligten (Aufklärung und Einwilligung, Takt, Privatsphäre, Vertraulichkeit, Freiwilligkeit der Entscheidungen)
- Vermeidung bzw. Prävention von Risiko oder Schaden für die Beteiligten
- Hilfeleistung und Unterstützung bei der Entscheidung sowie bei der Bewältigung des Bevorstehenden
- Chancengleichheit, Ausgleich von Benachteiligung

Einsicht in professionelle Kompetenz- oder Empathiegrenzen:
- lieber „passen", d.h. überweisen oder rückversichern als inkompetent beraten oder handeln

Einschätzung der moral-psychologischen Situation der Beteiligten:
- Anerkennung positiver moralischer Motive unterschiedlicher Struktur und Ebene (gemäß Entwicklungstheorie der Moral)

Verhältnis zwischen *klinisch*-psychologischem und *moral*-psychologischem Befund reflektieren: Fragen wie z.B.
- Behindert eine psychische Konstellation die Annahme eines Organs durch den Empfänger als „Geschenk"?
- Könnte durch die Spende eine psychische Abhängigkeit entstehen?
- Wie können Schuldgefühle über das Opfer des Spenders oder Konflikte, z.B. über den Umgang mit der Gesundheit o.ä., auf die gesundheitliche Rehabilitation des Empfängers wirken?

4.2 Negative Pflichten des psychologischen Gutachters

- keine vorgefaßten pro- oder contra-Ziele verfolgen
- nicht eigene Wertvorstellungen projizieren, sondern die psychosozialen und moralischen Möglichkeiten der Betroffenen erfassen

- keine „stellvertretenden Entscheidungen" treffen (wollen)
- Einmischung in das Leben anderer unterlassen
- keine - psychologische - Pathologisierung der Gesprächspartner
- keine reduktionistische Interpretation von Motiven
- Rivalität der Fakultäten - medizinische, juristische und psychologische Gutachter - vermeiden.

5. Exkurs - Zum Vergleich: Das *Münchener Modell*

Zu den fachlichen Grundlagen der psychologischen Begutachtung hat sich die Arbeitsgruppe des „Münchener Modells" geäußert und ein sehr differenziertes Prozedere beschrieben, das aus folgenden Abschnitten besteht (Hillebrand et al., 1996): 1. der diagnostischen Phase, 2. der Beratungsphase, 3. der Erstellung einer vorläufigen schriftlichen Transplantationsvereinbarung, 4. einem Moratorium von sechs Wochen. In der 1. Phase, der Persönlichkeits- und Beziehungsdiagnostik, werden neben einer ausführlichen biographischen Anamnese 12 Tests, Inventare, Skalen oder Fragebogen verwendet. Die 2. Phase, die Beratung, ist mit sechs 1- bis 1 ½ -stündigen Gesprächen mit dem Spender-Empfängerpaar angesetzt, die für weitere interaktionsdiagnostische Verfahren auf Videoband aufgezeichnet werden. Psychologische Katamnesen werden 6 und 12 Monate nach der Transplantation durchgeführt. Auf der Basis von 11 Lebendnierenspenden im Zeitraum zwischen Oktober 1994 und Oktober 1996 beurteilen die Autoren ihr psychologisches Vorgehen positiv: Die Paare hätten „die Rückmeldung gegeben, daß insbesondere die Beratungsgespräche für sie außerordentlich hilfreich gewesen seien" (ebd., 109).

Bezüglich der *ethischen Dimension* findet sich in diesem Bericht die Aussage, daß es die „eigentliche Zielsetzung" der psychologischen Begleitung sei, „den Prozeß bis zur eigentlichen Transplantationsentscheidung für beide Partner transparent (zu) machen und (zu) festigen" (ebd., 110). Nicht nur dem Spender-Empfängerpaar, sondern auch dem Transplantationsteam werde so „die nach menschlichem Ermessen mögliche Sicherheit einer auch ethisch verantwortbaren Realisierung der Transplantation vermittelt" (ebd., 110).

Auf diesem Hintergrund sind mehrere Fragen zu diskutieren, wenn es um die Etablierung eines eigenen Verfahrens für die psychologische Begutachtung und Begleitung in einem Transplantationszentrum wie Freiburg oder generell geht:

Ist der Einsatz einer so umfangreichen Testbatterie diagnostisch notwendig und vertretbar?

Welche Befunde aus welchen der 12 verwendeten persönlichkeits- und beziehungsdiagnostischen Verfahren haben bisher Hinweise erbracht, die im Sinne der von den Autoren angesprochenen Krisenintervention wertvoll waren?

Warum wird - gegenüber der Elaboriertheit der Persönlichkeits- und Beziehungsdiagnostik - die moralische Komponente der Entscheidung zur Nierenspende nicht explizit berücksichtigt?

Wie wird mit der im Gesetz umschriebenen Konstellation von potentiellen nicht verwandten oder nicht verheirateten/verlobten Empfängern als *Personen, die dem Spender in besonderer persönlicher Verbundenheit offenkundig nahestehen*, umgegangen?

Die große Differenziertheit des psychodiagnostischen und beraterischen Vorgehens läßt erwarten, daß die Befürwortung von Lebendnierenspenden im Einzelfall mit erheblicher Sicherheit ausgesprochen werden kann. Ist dies auch im Fall von Personen bzw. „Spender-Empfänger-Paaren" denkbar, bei denen das Angebot einer Nierenspende *aus moralischen Motiven im engeren Sinne* zustande kommt - ohne das persönliche „Eigeninteresse", das in einer „besonderen persönlichen Verbundenheit" wurzelt?

6. (Wo) Gehen die formulierten Pflichten über die im TPG festgelegten Aufgaben hinaus?

Die hier aus ethischer Perpektive formulierten positiven und negativen Pflichten des Gutachters - jedenfalls des psychologischen - gehen über die Berücksichtigung und Prüfung der Kriterien aus dem TPG hinaus, zum einen, indem sie ethische Implikationen explizit und im Detail zur Sprache bringen, zum anderen, indem eine prognostische Perspektive zum Wohl des oder der Beteiligten geltend gemacht werden. Dies bedeutet, daß zusätzlich zur Beurteilungskompetenz des Gutachters auch eine therapeutisch-präventive Kompetenz gegeben sein sollte. Auf diesem Hintergrund ergibt sich die Chance, in der Praxis der Begutachtung eine ethisch verantwortungsvolle und patientenorientierte Haltung einzunehmen - der Ausdruck „Patient" sei hier gestattet, obwohl der potentielle Spender zu diesem Zeitpunkt kein Patient ist und nach einer Operation hoffentlich auch wieder in den Status eines Gesunden zurückkehren kann. Diese Haltung stellt eine überzeugende Alternative zu einer Herangehensweise dar, die primär oder ausschließlich auf die Vermeidung von Mißbrauch oder die Kontrolle der Abläufe ausgerichtet wäre und damit nicht das Wohl der Beteiligten und den Respekt vor deren Autonomie und Selbstbestimmung ins Zentrum rückt. Hiervon noch zu unterscheiden ist eine spezifisch therapeutische oder beraterische Aufgabe in der Vorbereitung oder Nachbetreuung der Spender und Empfänger, die über die Fragestellung dieses Beitrags hinausgeht und gesonderter Untersuchung bedarf.

Das psychologisch-prognostische Wissen in bezug auf Belastungen und Veränderungen im Zusammenhang mit der Lebendspende - auf beiden Seiten - ist allerdings noch gering; in Deutschland fehlen bisher systematische Katamnesen und Verlaufsuntersuchungen. Aus der Durchführung seriöser empirischer Studien sind interessante Ergebnisse zu erwarten, die die verbreiteten Auffassungen - oder Vorurteile - über mehr oder weniger „geeignete" Spender-Empfänger-Paare mit objektiven Daten kontrastieren könnten. Eine wichtige Frage in diesem Zusammenhang wird darin bestehen zu prüfen, ob Familienmitglieder günstigere psychologische und moralische Voraussetzungen mitbringen als Freunde oder Bekannte. Eigler drückt seine Skepsis mit folgenden Worten aus: „Das Kapitel psychischer Probleme in Familien nach Lebendspende muß erst noch geschrieben werden" (1995) und betont, daß hier „oft ein zu günstiges Bild gezeigt" werde, in dem das aus der Lebendnierenspende resultierende „Mißverhältnis" zwischen Spender und Empfänger zu wenig Beachtung fände (ebd.). Diese und andere Fragen sollten vergleichend empirisch untersucht werden mit dem Ziel, die Umsetzung des TPG, einschließlich der Begutachtung vor Lebendnierenspende, ausdrücklich in den Dienst an den beteiligten Menschen zu stellen.

Literatur

Baumann E (1998) Organspende unter Lebenden: Über den Vorrang der Mißbrauchsverhütung. Ethik Med 10: 43-44

Beasley CL, Hull AR, Rosenthal JT (1997) Living Kidney Donation: A Survey of Professional Atitudes nd Practices. Am J Kidney Dis 31: 549-57

Bunzendahl H (1996) Kidney Transplantation Using Living Donors - Comparison of Medical Ethics. Langenbecks Archiv für Chirurgie, Kongressband 113: 394-5

Bierhoff HW, Montada L (1988) Altruismus. Bedingungen der Hilfsbereitschaft. Hogrefe, Göttingen

Eigler FW (1995) Organquellen. In: Albert FW, Land W, Zwierlein E (Hrsg) Transplantationsmedizin und Ethik - Auf dem Weg zu einem gesellschaftlichen Konsens. Pabst, Lengerich, S. 47-59

Freund JF, Steinkrüger I, Muthny FA, Kirste G (1995) Living Donation of Kidneys: Attitudes Among Health Care Workers. Transplantationsmedizin 4: 192-199

Gutmann T (1997) Probleme einer gesetzlichen Regelung der Lebendspende von Organen. MedR 4: 147-155

Hillebrand GF, Schmeller N, Theodorakis J, Illner WD, Schultz-Gambard E, Schneewind K, Land W (1996) Nierentransplantation - Lebendspende zwischen verwandten und nicht verwandten Personen: das Münchener Modell. Transplantationsmedizin 8: 101-110

Kasiske BL, Bia MJ (1995) The Evaluation and Selection of Living Kidney Donors. Am J Kidney Dis 26: 387-98

Löw-Friedrich I, Schoeppe W (1996) Transplantation: Grundlagen - Klinik - Ethik und Recht. Wiss. Buchges., Darmstadt

McMaster P, Mirza DF (1995) Use of Live Organ Donation: A Necessary Evil? Transplantation Proceedings 27: 103-105

Price DPT (1996) Minors as Living Organ Donors: Ethics and Law. Transplantation Proceedings 28: 3607-3608

Reiter-Theil S (1999/im Druck) Altruismus mit ethischen Komplikationen? Erfahrungen aus der Begutachtung vor Lebendnierenspende. Zeitschrift für Medizinische Ethik

Reiter-Theil S (1997a) Notwendigkeit und Formen der Ethik in der Klinischen Psychologie. Orientierungsbedarf - Defizite - Desiderate. In: Mandl H (Hrsg) Kongressbericht der Deutschen Gesellschaft für Psychologie 1996. Hogrefe, Göttingen, 137-143

Reiter-Theil S (1997b) Therapie und Ethik in systemischer Perspektive. Zur Entwicklung eines allgemeinen Orientierungsrahmens. In: Reiter L, Brunner EJ, Reiter-Theil S (Hrsg) Von der Familientherapie zur systemischen Perspektive. Springer, Berlin, Heidelberg, New York, Zweite Auflage, 41-65

Reiter-Theil S (1996) Ethische Probleme in der Klinischen Psychologie. In: Ehlers A, Hahlweg K (Hrsg) Grundlagen der Klinischen Psychologie. Reihe "Enzyklopädie für Klinische Psychologie". Hogrefe, Göttingen, 937-955

Reiter-Theil S (1994) Praktische Fälle und ethische Prinzipien. Ethik-Blockseminare in der Weiterbildung zur Familientherapie sowie Psychotherapie/Psychosomatik. Ethik Med 6: 71-76

Reiter-Theil S (1993) Wertfreiheit, Abstinenz und Neutralität? Normative Aspekte in Psychoanalyse und Familientherapie. In: Eckensberger L H, Gähde U (Hrsg) Ethische Norm und empirische Hypothese. Beiträge zum Forschungsschwerpunkt Ethik - interdisziplinärer Ethikdiskurs der Deutschen Forschungsgemeinschaft. Suhrkamp, Frankfurt a.M., 302-327

Schweidtmann W, Muthny FA (1997) Einstellung von Ärzten zur Organtransplantation - Ergebnisse einer empirischen Studie. Transplantationsmedizin 9: 2-7

Spital A (1996) Do U.S. Transplant Centers Encourage Emotionally Related Kidney Donation? Transplantation 61: 374-377

Wilhelm S, Werner W, Manske S, Sperschneider H, Schubert J (1997) Aufklärung und medizinrechtliche Fragen im Umfeld der Lebensspende - Nierentransplantation. Transplantationsmedizin 9: 208-210

Rechtliche Aspekte der Richtlinienfeststellung nach § 16 Absatz 1 Satz 1 Nr. 2 und 5 Transplantationsgesetz[1]

Ch. Conrads

I. Die Regelungen des Transplantationsgesetzes

Mit dem Gesetz über die Spende, Entnahme und Übertragung von Organen (Transplantationsgesetz -TPG-)[2] sind für die Bundesrepublik Deutschland erstmalig spezialgesetzliche Regelungen zur Organallokation festgelegt worden.[3] Diese beziehen sich jedoch zum einen allein auf die im Wege der Leichenspende[4] gewonnenen Transplantate und zum anderen hierbei nur auf die parenchymatösen Organe Herz, Niere, Leber, Lunge, Bauchspeicheldrüse und Darm. Nur diese Transplantate - und etwa nicht Augenhornhäute und Gehörknöchelchen - unterwirft das Gesetz als sog. „vermittlungspflichtige Organe" zwingend der Verteilung nach den Vorschriften des Transplantationsgesetzes.[5]

Nach dem Transplantationsgesetz sind die vermittlungspflichtigen Organe spätestens ab Dezember 1999 von einer Vermittlungsstelle für geeignete Patienten nach Regeln zu vermitteln, die dem Stand der Erkenntnisse der medizinischen Wissenschaft entsprechen, insbesondere nach Erfolgsaussicht und Dringlichkeit. Zudem sind die Wartelisten der Transplantationszentren nach dem Gesetz als einheitliche Warteliste zu behandeln (§§ 12 III 1 und 2, IV 2 Nr. 3; § 25 II TPG).

---

[1] Leicht überarbeiteter Vortrag, gehalten am 26.09.1998 auf dem 7. Einbecker Workshop der Deutschen Gesellschaft für Medizinrecht (DGMR) e.V. „Allokation von Spenderorganen" in Einbeck. Sofern nicht anders gekennzeichnet, bezeichnen im folgenden römische Ziffern Paragraphenabsätze und arabische Paragraphensätze.
[2] BGBl. I, 2631 ff.
[3] Siehe insbesondere die §§ 9; 10 II Nr. 3; 12; 20 I Nr. 2, II; 25 II TPG. Das Transplantationsgesetz pönalisiert zudem in den §§ 1 I 2; 18 TPG den Organhandel.
[4] §§ 9 1, 2; 12 I 4 TPG.
[5] Sollte es im folgenden nicht ausdrücklich anders bezeichnet sein, sind demgemäß unter dem Begriff „Organe" ausschließlich diese vermittlungspflichtige Transplantate im Sinne des Gesetzes zu verstehen, so insbesondere Nieren, Herzen und Lebern.

Den „Stand der Erkenntnisse der medizinischen Wissenschaft", auf den sich die gesetzliche Regelung bezieht, hat die Bundesärztekammer in Richtlinien festzustellen (§ 16 I 1 Nr. 5 TPG). Beachtlich ist hierbei die Regelung des § 16 I 2 TPG, nach der die Einhaltung des Standes der Erkenntnisse der medizinischen Wissenschaft zu vermuten ist, sofern die Richtlinien der Bundesärztekammer beachtet worden sind.[6]

Das Transplantationsgesetz greift die Existenz einer bereits privatrechtlich organisierten Vermittlungsstelle - Eurotransplant in Leiden/Niederlande - auf.[7] Die bei Inkrafttreten des Transplantationsgesetzes am 01.12.1997 bereits bestehenden Verträge „über Regelungsgegenstände nach § 12 TPG" behalten bis zu ihrer Ablösung durch den bis spätestens Dezember 1999 auf der Grundlage des Transplantationsgesetzes (§ 12 III, IV Nr. 3 TPG) abzuschließenden Allokationsvertrag ihre volle Gültigkeit.

Dieser Allokationsvertrag ist durch die Spitzenverbände der Krankenkassen gemeinsam, die Bundesärztekammer und Deutsche Krankenhausgesellschaft bzw. die Bundesverbände der Krankenhausträger gemeinsam mit der (zuvor von diesen als solche beauftragten) Vermittlungsstelle als Vertragspartner des § 12 abzuschließen. Er unterliegt der Genehmigung durch das Bundesministerium für Gesundheit, welches im Wege der Rechtsprüfung[8] zu kontrollieren hat, ob der Vertrag den Vorschriften des Transplantationsgesetzes und sonstigem Recht entspricht (§ 12 V 1 TPG). Lassen die genannten Vertragspartner die gesetzte Frist zum Abschluß des Allokationsvertrages ergebnislos verstreichen, ermächtigt § 12 VI TPG das Bundesministerium für Gesundheit, die Vermittlungsstelle und ihre Aufgaben per Rechtsverordnung mit Zustimmung des Bundesrates zu bestimmen.

Zur Frage des Patientenzugangs zur Transplantationsmedizin gibt das Transplantationsgesetz in § 10 II Nr. 2 den Transplantationszentren vor, über die Aufnahme eines dem Transplantationszentrum zur Organübertragung gemeldeten und angenommenen Patienten in die Warteliste nach Regeln zu entscheiden, die dem Stand der Erkenntnisse der medizinischen Wissenschaft entsprechen, insbesondere nach Notwendigkeit und Erfolgsaussicht einer Organübertragung.

---

[6] Wie andere gesetzliche Vermutungen auch ist diese prinzipiell widerlegbar. Für Deutsch, NJW 1998, 777 ff. (780) ist dies nur denkbar in Fällen des offensichtlichen Irrtums, etwa bei wesentlichen „Druckfehlern".
[7] Für Einzelheiten zur Eurotransplant International Foundation, den vertraglichen Grundlagen der Stiftung und ihrer Allokationspolitiken siehe Conrads, Rechtliche Grundsätze der Organallokation, B. II. 2., 3. (im Druck).
[8] Eine Fachprüfung ist hiervon nicht umfaßt.

Die Bundesärztekammer hat auch hierzu den Stand der Erkenntnisse der medizinischen Wissenschaft in Richtlinien festzustellen (§ 16 I 1 Nr. 2 TPG).[9]

II. Die Richtlinienkompetenz der Bundesärztekammer im Zusammenhang mit der Organallokation

1. Rechtlicher Rahmen

Schon die im Zusammenhang mit der Organverteilung involvierten Patientengrundrechte auf Leben und körperliche Unversehrtheit, Menschenwürde und Gleichbehandlung[10] gebieten eine die relevanten medizinischen Sachgesetzlichkeiten beachtende Organallokation für geeignete Patienten. Dies bestätigt auch die Überprüfung aus zivil- und strafrechtlicher Sicht.

Hierbei kommen dem auf die Maximierung des Wohltuns abzielenden Verteilungskriterium der Erfolgsaussicht und dem an der Verhinderung von Schaden orientierten Allokationskriterium der Dringlichkeit herausragende Bedeutung zu.[11] Ihnen nachgeordnet ist der Verteilungsaspekt der Patientenwartezeit.

Der Ausschluß rein non-medizinischer Allokationskriterien ist angesichts des Ranges der betroffenen Rechtsgüter und des Grades und der Nähe der sie bedrohenden Gefahr schon von Verfassungs wegen geboten.[12]

---

[9] Somit erwartet Hetzer, Ausschuß-Drs. 602/13, 12 f., zu Recht, daß die Bundesärztekammer unter der Geltung des Transplantationsgesetzes den Zugang zu den Wartelisten durch die Vorgabe „medizinisch objektiver und nachprüfbarer Kriterien" regelt. Das Transplantationsgesetz äußert sich nicht zuletzt anläßlich der vielfach geäußerten Kritik auch zum Zeitpunkt dieser Patientenauswahl durch die Transplantationszentren. Die Zentren sind spezialgesetzlich ausdrücklich dazu verpflichtet, unverzüglich, d.h. ohne schuldhaftes Zögern, über die Annahme eines Patienten und seine Aufnahme in die Warteliste (sowie über seine Herausnahme aus der Warteliste) zu entscheiden und hierüber den behandelnden Arzt zu unterrichten (§ 10 II Nr. 1 TPG). Zu der hiermit korrespondierenden Verpflichtung der behandelnden und die Patienten an die Transplantationszentren meldenden Ärzte siehe § 13 III TPG.
[10] Art. 2 II 1; 1 I; 3 GG.
[11] Unter verfassungs- und strafrechtlichen Aspekten wird es zumeist geboten sein, der optimaler Versorgung hochdringlicher Fälle Vorrang vor einer allein möglichst nutzbringenden Organverteilung im übrigen einzuräumen; so Conrads, in: Lachmann/Meuter (Hg.), Zur Gerechtigkeit der Organverteilung, 69 ff.
[12] Für Einzelheiten siehe Conrads, Rechtliche Grundsätze der Organallokation, D. (im Druck).

Unter Beachtung dieser Rechtsgrundsätze hat der Deutsche Bundestag als hierzu berufene Volksvertretung im Transplantationsgesetz - wie eingangs ausgeführt - die wesentlichen Elemente der Organverteilung geregelt. Richtigerweise hat er spezialgesetzlich festgelegt, daß die gespendeten Organe an geeignete Patienten nach Allokationsregeln zu verteilen sind, die dem Stand der Erkenntnisse der medizinischen Wissenschaft entsprechen und insbesondere Erfolgsaussicht und Dringlichkeit berücksichtigen.[13] Hierbei geht das Transplantationsgesetz von einer einheitlichen (organspezifischen) Liste der wartenden Transplantationskandidaten aus (§ 12 III 1, 2 TPG). Die gegenwärtige Verteilung von gespendeten Herzen und Lebern in Eigenregie der Transplantationszentren im Rahmen des sog. Selbstbehalts und der zentrumsorientierten Organverteilung entspricht nicht diesen neuen Gesetzesvorgaben.

Hierneben tragen Transparenz und Kontrollierbarkeit des Allokationssystems sowie die Bekanntgabe der konsistent anzuwendenden Allokationsregeln im voraus dazu bei, die praktizierte Organverteilung als vernünftig akzeptieren zu können. Insbesondere eine Organverteilung nach einem Punktesystem kann gewährleisten, daß die für eine (sach-)gerechte Organverteilung relevanten Daten stets lückenlos erhoben werden und dem exakt gleichen Anwendungsmodus unterliegen.

Vorgenannte, auch noch im Gesetzgebungsverfahren nicht unumstrittene Regelung der Organallokation - ausdrücklich erwähnt seien die Kritik von Schmidt und die non-medizinischen Verteilungsmodelle von Kliemt und Gubernatis -[14] hat inzwischen mittels der Tätigkeit des Gesetzgebers die von Kritikern immer wieder eingeforderte gesellschaftliche Legitimation erhalten.

Mit der Festlegung der Organallokation auf Regeln, die dem Stand der Erkenntnisse der medizinischen Wissenschaft entsprechen und der ausdrücklichen Nennung der Allokationsaspekte der Erfolgsaussicht und Dringlichkeit greift das Gesetz somit bereits Bewährtes auf. Auch im weiteren hat es die Legislative zum größten Teil bei den zuvor schon ohne direkte staatliche Intervention geschaffenen Realitäten und Strukturen der Transplantationsmedizin belassen.

2. Richtlinienkompetenz der Bundesärztekammer

Was im Zusammenhang mit der Allokation vermittlungspflichtiger Organe unter dem „Stand der Erkenntnisse der medizinischen Wissenschaft" genau zu verstehen ist, hat die Bundesärztekammer dem Transplantationsgesetz zufolge (§ 16 I 1 Nr. 5 TPG) in Richtlinien festzustellen. Gestaltete der maßgebliche

---

[13] So auch Schreiber, Ausschuß-Drs. 603/13, 17 ff.
[14] Für Einzelheiten und Nachweise siehe Conrads, Rechtliche Grundsätze der Organallokation, E. II. 2., 3., 4. (im Druck).

interfraktionelle Gesetzentwurf seinerzeit die Verabschiedung dieser Richtlinien durch die Bundesärztekammer noch als fakultative Bestimmung aus,[15] so weist der nunmehr gültige Gesetzestext die Verabschiedung der in Rede stehenden Richtlinien der Bundesärztekammer als Obliegenheit zu.[16]

Unter Richtlinien sind auch in diesem Zusammenhang institutionell gesetzte Regeln guten ärztlichen Verhaltens zu verstehen, die in einem geordneten Verfahren zustande gekommen sind. Sie sind für den Rechtsraum der sie setzenden Institution verbindlich; ihre Nichtbeachtung kann berufsrechtlich eine Verfehlung darstellen und definierte Sanktionen nach sich ziehen.

„Institutionell gesetzt" bedeutet, daß die Richtlinien von einer hierzu rechtlich legitimierten Institution[17] zu konsentieren, schriftlich zu fixieren und zu veröffentlichen sind.[18]

Verglichen mit Leitlinien und Empfehlungen als die anderen Formen der auf vorgenannte Weise institutionell gesetzten ärztlichen Verhaltensregeln, weisen Richtlinien im Sinne von „Muß-Vorschriften" den höchsten Verbindlichkeitsgrad auf.[19] Dementsprechend formuliert wie bereits gesagt § 16 I 2 TPG für die Praxis, daß die Einhaltung des Standes der Erkenntnisse der medizinischen Wissenschaft zu vermuten ist, sofern die Richtlinien der Bundesärztekammer beachtet worden sind.

Anders als der Allokationsvertrag selbst unterliegen die in Rede stehenden Richtlinien der Bundesärztekammer selbstredend keinem ministeriellen Genehmigungsvorbehalt.

Auch diese Richtlinienkompetenz der Bundesärztekammer ist im Gesetzgebungsverfahren nicht ohne Kritik geblieben.

Vergleichsweise leicht zu nehmen ist hierbei der seinerzeit von Holznagel vorgebrachte Einwand, die Besetzung der für vorgenannte Richtlinienfeststellung in Frage kommenden Ständigen Kommission Organtransplantation der Bundesärztekammer sei „nicht optimal", da auch andere non-medizinische

---

[15] Gesetzentwurf der Fraktionen der CDU/CSU, SPD und F.D.P., BT-Drs. 13/4355, § 15 I 1 TPG-E („Die Bundesärztekammer *kann ... feststellen.*" (Hervorhebung vom Autor)).
[16] § 16 I 1 TPG: „Die Bundesärztekammer *stellt ... fest ...*" (Hervorhebung vom Autor).
[17] Nach § 16 I 1 Nr. 5 TPG ist das im vorliegenden Fall die Bundesärztekammer.
[18] Vgl. Hart, MedR 1998, 8 ff. (11, 14).
[19] Weniger streng ist die Leitlinie, die prinzipiell befolgt werden soll und die allein begündete Abweichungen zuläßt. Den geringsten Verbindlichkeitsgrad weist die Empfehlung im Sinne des Rats auf, von der Abweichungen immer möglich sein sollen; so Hart, MedR 1998, 8 ff. (10).

Berufsgruppen und Sachverständige dort vertreten sein müßten.[20] Denn die Annahme, der Ständigen Kommission Organtransplantation der Bundesärztekammer würden ausschließlich Mediziner angehören, ist schlichtweg nicht zutreffend. So war und ist die Mitgliedschaft dieser Kommission seit jeher interdisziplinär zusammengesetzt.[21]

Ist m.E. vertretbar, daß die Ansiedlung der in Rede stehenden Richtlinienkompetenz bei der Bundesärztekammer prinzipiell keinen verfassungsrechtlichen Bedenken ausgesetzt ist, so verfangen die von Deutsch angesichts der Verfassung der Bundesärztekammer als „eingetragener Verein privaten Rechts" diesbezüglich schon grundsätzlich vorgetragenen Bedenken[22] doch spätestens bei folgender Entwicklung:

Sollte der - genehmigungspflichtige - Allokationsvertrag die Vermittlung der Organe nach den Vorschriften des § 12 III gänzlich nicht regeln und hierzu komplett auf die - wie gesagt genehmigungsfreien - Richtlinien der Bundesärztekammer verweisen, die dann die detaillierte Allokationsregeln zu etablieren hätte, wäre aus dem Blickwinkel der ministeriellen Rechtsprüfung des Allokationsvertrages zum einen doch fraglich, ob ein solcher Allokationsvertrag der gesetzlichen Vorgabe noch gerecht würde, „die Organvermittlung zu regeln"[23].[24]

Gemäß der spezialgesetzlichen inhaltlichen und verfahrensrechtlichen Vorgaben[25] ist die Regelung der Organvermittlung nach dem Transplantationsgesetz grundsätzlich Aufgabe der eingangs schon erwähnten Vertragspartner des § 12 TPG.[26] Hierbei ist eine vertragliche Ermächtigung etwa der Vermittlungsstelle zur Feinmodulation bzw. -etablierung einzelner

---

[20] Holznagel, Ausschuß-Drs. 601/13, 2 ff. (11).
[21] Vgl. § 2 des Statuts der Ständigen Kommission Organtransplantation; Einzelheiten bei Conrads, Rechtliche Grundsätze der Organallokation, F. II. 2. b) (2) (im Druck). Die ausdrückliche Festlegung des § 16 II TPG, demzufolge bei Erarbeitung der Richtlinien für die Regeln zur Patientenaufnahme in die Warteliste auch transplantationsferne Ärzte, Volljuristen und Personen aus dem Kreis der Patienten sowie bei der Erarbeitung der Richtlinien für die Regeln zur Organvermittlung ferner Personen aus dem Kreis von Organspendern angemessen beteiligt werden sollen, setzt die - seitens der Bundesärztekammer zu keiner Zeit in Frage gestellte - Notwendigkeit der interdisziplinären Gremienzusammensetzung konsequent um.
[22] Deutsch, Medizinrecht[3.], Rn. 518; ders. NJW 1998, 777 ff. (780). Siehe hierzu auch Schreiber, Ausschuß-Drs. 603/13, 17 ff.
[23] § 12 IV Nr. 3 TPG.
[24] Was nicht bedeutet, daß der dem Ministerium zur Genehmigung vorzulegende Allokationsvertrag nun jede einzelne Verteilungsregel nebst ihren Veränderungen und Fortschreibungen zu enthalten hätte.
[25] §§ 12 III, IV 1, 2 Nr. 3; 16 I 1 Nr. 5 TPG.
[26] Man beachte, daß hier die Bundesärztekammer unabhängig von ihrem Wirken im Rahmen ihrer Richtlinienkompetenz nach § 16 I 1 Nr. 2 und 5 TPG involviert ist.

Allokationsregeln m.E. nicht unzulässig. Dies ist auch sinnvoll und erforderlich, da es das Allokationsgeschehen im wohlverstandenen Sinne der wartenden Patienten offensichtlich nicht verträgt, jede einzelne Verteilungsregel nebst ihren Veränderungen und Fortschreibungen den Genannten zur vertraglichen Einzelumsetzung und sodann dem Gesundheitsministerium zur Rechtsprüfung vorzulegen.

Stellte die Bundesärztekammer unter Berufung auf ihre Richtlinienkompetenz nach § 16 I 1 Nr. 5 TPG anstatt der „Richtlinien zum Stand der Erkenntnisse der medizinischen Wissenschaft" die „Regeln zur Organvermittlung" selbst auf, läge eine Kompetenzüberschreitung nahe. Gemessen mit den verfassungsrechtlichen Maßstäben der staatlichen Schutzverpflichtung, der involvierten Grundrechte betroffener Patienten und der Wesentlichkeitsrechtsprechung des Bundesverfassungsgerichts wäre m.E. sehr fraglich, ob die so verstandene und praktizierte Art der „regulierten Selbstregulierung"[27] kritischer verfassungsrechtlicher Überprüfung würde standhalten können.

3. Organvermittlung und transplantationsmedizinische Forschung

Schließlich sei noch auf die Frage eingegangen, ob und inwieweit das Zusammenspiel vorgenannter Richtlinien und der vertraglichen Allokationsregelung bei der Organvermittlung auch weiterhin die erforderliche transplantationsmedizinische Forschung zuläßt.

Rekurriert man auf den medizinischen Standardbegriff, so erhellt, daß der Standard in der Medizin den jeweiligen Stand der naturwissenschaftlichen Erkenntnisse und der ärztlichen Erfahrung repräsentiert, der zur Erreichung ärztlicher Behandlungsziele erforderlich ist und der sich in der Erprobung bewährt hat.[28] Hiernach legt dieser Standard die Anforderungen an die Qualität ärztlicher Handlungen nach dem jeweiligen Stand der Wissenschaft und der klinischen Praxis fest. Da der Stand der Wissenschaft prinzipiell wandelbar ist, ist der medizinische Standardbegriff nicht nur von Bedeutung für die sorgfältige Standardbehandlung, sondern auch für das ärztliche Versuchshandeln. Güte und Standard ärztlicher Forschung lassen sich somit beispielsweise in Leitlinien guten Versuchshandelns umreißen.

Es versteht sich von selbst, daß die in Rede stehenden Allokationsrichtlinien der Bundesärztekammer die Weiterentwicklung des diesbezüglichen Standes der Erkenntnisse der medizinischen Wissenschaft nicht blockieren sollen. Vielmehr sind sie in Rücksicht auf die Ermöglichung und Gewährleistung des auf die

---

[27] Terminus von Holznagel, Ausschuß-Drs. 601/13, 2 ff.
[28] Vgl. Hart, MedR 1998, 8 ff. (9 (m.w.N.)).

Weiterentwicklung der Transplantationsmedizin gerichteten guten Versuchshandelns abzufassen.

III. Die aktuellen Allokationspolitiken Eurotransplants[29]

Derzeit hat die Bundesärztekammer noch keine Richtlinien zur Organallokation verabschiedet, so daß z.Zt. bei der Auslegung der Gesetzesmerkmale „Organallokation nach Regeln, die dem Stand der Erkenntnisse der medizinischen Wissenschaft entsprechen, insbesondere nach Erfolgsaussicht und Dringlichkeit", auf eine gesetzlich autorisierte Interpretationshilfe nicht zurückgegriffen werden kann.

Kann dem auch nicht vorgegriffen werden, so soll doch an dieser Stelle der fiktiven Frage nachgegangen werden, ob die aktuellen Allokationspolitiken Eurotransplants[30] für Niere, Herz und Leber, würden sie heute dem Bundesministerium für Gesundheit beispielsweise als Bestandteil des Allokationsvertrages zur Genehmigung nach § 12 V 1 TPG vorgelegt werden, genehmigungsfähig wären. Die Antwort hierauf kann aufschlußreich sein, denn Allokationselemente, die schon prima facie mit dem Stand der Erkenntnisse der medizinischen Wissenschaft entsprechenden Regeln unverträglich erscheinen, dürften sich wohl kaum auf zukünftige Richtlinien der Bundesärztekammer stützen können.

Um es vorweg zu nehmen: Es lassen sich in den derzeit gültigen Allokationspolitiken durchaus solche - nachfolgend eingehend behandelte - Verteilungsregeln finden, die mit den gesetzlichen Allokationsvorgaben in der Tat unvereinbar erscheinen. Diese hat die Bundesärztekammer m.E. im Rahmen ihrer Richtlinienarbeit klar als non-medizinische bzw. zwar medizinische, aber dem Stand der Erkenntnisse der medizinischen Wissenschaft nicht entsprechende und somit unzulässige Elemente zu kennzeichnen.

1. Prioritäre Versorgung insbesondere der Hochdringlichen

Unter verfassungs-, zivil- und strafrechtlichen Aspekten wird es zumeist geboten sein, der optimalen Versorgung hochdringlicher Fälle Vorrang vor einer allein möglichst nutzbringenden Organverteilung im übrigen einzuräumen.[31] Dies beachten auch die aktuellen Eurotransplant-Allokationspolitiken: nach prioritärer

---

[29] Näheres bei Conrads, MedR 1996, 300 ff.
[30] Einen Überblick über den status quo geben de Meester und Persijn in: J. L. Touraine et al. (eds.) Organ allocation, 61-66. 1998
[31] Vgl. Heinze, in: Lachmann/Meuter (Hg.), Zur Gerechtigkeit der Organverteilung, 83 ff; Conrads, in: Lachmann/Meuter (Hg.), Zur Gerechtigkeit der Organverteilung, 69 ff.

zentraler patientenorientierter Versorgung Hochdringlicher erfolgt erst im übrigen eine Verteilung zugunsten Elektiver. Der quantitative Umfang dieser obligatorischen Hochdringlichkeitszuteilungen fällt für die verschiedenen Organe freilich recht unterschiedlich aus.[32]

Der Allokationsaspekt der Dringlichkeit und seine gegenwärtige Umsetzung begegnen m.E. auch unter dem Transplantationsgesetz vom Grundsatz her keinen rechtlichen Bedenken. Seine Verankerung in den Allokationspolitiken sowie Aussagen hierzu im Rahmen der Richtlinien erscheinen aus meiner Sicht geboten.

Jedoch ist der Aspekt der Dringlichkeit im Zusammenhang mit den Politiken der Aufnahme von Patienten in die Warteliste (Patientenlistung) zu sehen: je „weicher" diese formuliert sind, desto eher sind gelistete Patienten als Hochdringliche zu versorgen. Nicht zuletzt da auch das Transplantationsgesetz von dem Kollisionsfall der Hochdringlichen mit den Elektiven ausgeht,[33] dürfen m.E. hochdringliche Patienten rein erfolgversprechende Tranplantationskandidaten nicht dauerhaft zur Gänze verdrängen. Auch sollte sichergestellt sein, daß die mißbräuchliche Meldung von Patienten als hochdringliche Transplantationskandidaten[34] allein zur Steuerung und Beschleunigung einer gewünschten Organzuteilung ausgeschlossen ist.

2. Elektive Versorgung im übrigen

a) Nierenallokation

Die Nierenallokationsentscheidungen für Elektive werden derzeit zentral von Eurotransplant patientenorientiert nach dem sog. X-COMB-Algorithmus von Wujciak/Opelz mittels eines fünf[35] gewichtete Stufen[36] beinhaltenden Bewertungsprogramms errechnet.[37] Der Patient mit der höchsten Punktesumme erhält dann das Angebot der Organzuteilung.

---

[32] Für Einzelheiten siehe Conrads, Rechtliche Grundsätze der Organallokation, B. II. 2., 3. (im Druck).
[33] Vgl. BT-Drs. 13/4355, 26 (dort erster Absatz a.E.).
[34] Bekannt unter dem Label „Special Urgency Request (SUR)".
[35] Gewebeverträglichkeit, genetische Chance, Wartezeit, nationale Austauschbilanz, Distanzfaktor.
[36] Die pro Stufe maximal erreichbare Punktezahl variiert von 100 bis 400 Punkte.
[37] Zur Festlegung der Gewichtungen wurden in diversen Computersimulationen auf der Basis der Eurotransplant-Allokationsdaten von Januar 1989 bis Juni 1995 verschiedene Gewichtungskombinationen getestet. Die nunmehr gefundenen Gewichtungen erreichen gegenüber möglichen Alternativen am besten das Ziel, die Wartezeiten v.a. für

Zunächst erscheint hierbei fraglich, ob der Umstand, daß auf Stufe Vier des Bewertungsprogramms das aktuelle Transplantataustauschverhalten des Landes des jeweiligen wartenden Transplantationskandidaten in eine Wertsumme von bis zu 200 Punkte umgerechnet wird, sich rückbinden läßt an Regeln, die dem Stand der Erkenntnisse der medizinischen Wissenschaft entsprechen.

Wie nachfolgend gezeigt, ist in diesem Fall diese Rückbindbarkeit jedoch nicht erforderlich.[38]

Die Versorgung deutscher (hochdringlicher wie elektiver) Transplantationskandidaten durch die nationale Transplantationsmedizin wird zunächst ganz entscheidend dadurch bestimmt, wie viele Organe hierzulande zur Verfügung stehen. Schon bezüglich anderer (etwa finanzieller, personeller oder kapazitativer) Ressourcenbegrenzungen ist anerkannt, daß ein Staat seiner Schutzverpflichtung seinen Bürgern gegenüber nur im Rahmen des Möglichen nachkommen kann und nachzukommen hat.[39] Auch bezüglich der national verfügbaren Transplantatmenge kann nichts anderes gelten.

Das gerade für den Nierenbereich maßgebliche und bis heute im Prinzip unverändert gebliebene Ziel des Eurotransplant-Verbundes, über einen möglichst großen Spender- und Empfängerpool bei der Organvermittlung optimale Gewebeverträglichkeitsverhältnisse erreichen zu können, ließ insbesondere deutsche Nieren-Transplantationsprogramme bis zur Erneuerung der betreffenden Allokationspolitik im März 1996 zu starken Organimporteuren mutieren - auf Kosten der übrigen Mitglieder und Patienten im Ausland, die das Nachsehen hatten -.

Solche unausgewogenen Länderaustauschbilanzen laufen der jeweiligen nationalen Staatsverpflichtung zur Sorge um die eigenen Bürger zuwider und stellen zu korrigierende Störungen dar. Herstellung und Gewährung ausgewogener Länderaustauschbilanzen entsprechen der jeweiligen staatlichen Schutzverpflichtung, im Rahmen des Möglichen zunächst die Versorgung der inländischen Transplantationskandidaten mit Organen sicherzustellen. Sie sind der Organallokation im eigentlichen Sinne vorgelagert und somit nicht an den spezialgesetzlichen Allokationsvorgaben zu messen.

Langwarter zu verkürzen und Diskrepanzen in den Organaustauschbilanzen der Transplantationszentren und Länder abzubauen; so Vanrenterghem/Persijn, Eurotransplant Newsletter Vol. 131, March 1996, 4 ff. (7).

[38] Für wertvolle Anregungen in diesem Zusammenhang danke ich Herrn Ministerialrat Helmut Sengler, Leiter des Referats 312 im Bundesministerium für Gesundheit.

[39] Vgl. Conrads, Rechtliche Grundsätze der Organallokation, D. II (dort insbesodere 1. C) (1)) (im Druck).

Ein wirkliches Problem stellt der Distanzfaktor in seiner derzeitigen Ausprägung dar. Mittels einer Wertesumme von nunmehr maximal 300 Punkten wird auf der fünften Bewertungsstufe die räumliche Distanz zwischen dem Ort des Spendefalls und dem des organimplantierenden Transplantationszentrums umgerechnet.[40] Die erreichbare Wertesumme steigt mit der Abnahme der Entfernung zwischen Spende- und Implantationsort. Ausgangspunkt hierfür ist, daß grundsätzlich zugunsten einer möglichst erfolgreichen Transplantation die Zeit zwischen Explantation und Implantation möglichst kurz zu halten ist. Je kürzer der Transportweg des Organs ist, desto schneller kann prinzipiell die Implantation erfolgen. Die Rückbindbarkeit dieses Allokationskriteriums an die Regeln, die dem Stand der Erkenntnisse der medizinischen Wissenschaft entsprechen, ist somit grundsätzlich vorhanden.

Allerdings gibt auch die Deutsche Stiftung Organtransplantation (DSO) für den Bereich der Nieren zu bedenken, daß in der Praxis die durchschnittliche kalte Ischämiezeit in der Nierenallokation ohne Organverschickung nur drei Stunden unter der Zeit mit Organverschickung liegt.[41] Insbesondere verglichen mit der Bedeutung der Gewebeverträglichkeit soll diese geringe Zeitdifferenz auch nach Auffassung der DSO für die Organallokation nur eine untergeordnete Rolle spielen können.[42] Daß dennoch auf dieser Bewertungsstufe ein maximaler Wert von 300 Punkten erreicht werden kann, läßt angesichts der für die Gewebeverträglichkeit maximal erzielbaren 400 Punkten überaus zweifelhaft erscheinen, ob hier tatsächlich Regeln wirken, die dem Stand der Erkenntnisse der medizinischen Wissenschaft entsprechen.

Weitere Nahrung erhalten diese Zweifel, vergegenwärtigt man sich, daß der Punktwert des Distanzfaktors in der kurzen Zeitspanne zwischen seiner Etablierung und dem Inkrafttreten des deutschen Transplantationsgesetzes gleich mehrfach aufgewertet wurde. Dies wurde offenkundig nicht durch entsprechende neue Erkenntnisse der medizinischen Wisenschaft über die kalte Ischämiezeit ausgelöst. Vielmehr wurde auf diese Weise im Ergebnis die überkommene Usance der Transplantationszentren bedient, lokal - und damit selbst - explantierte Organe möglichst in der Nähe des Entnahmeortes - und damit wiederum selbst - zu implantieren.

Nach dem Transplantationsgesetz ist jedoch zwischen Explantation, Verteilung und Transplantation von Organen zu trennen.[43] Aus der Organentnahme als

---

[40] Vgl. Vanrenterghem/Persijn, Eurotransplant Newsletter Vol. 131, März 1996, 4 ff. (5 f.).
[41] 19 statt 22 Stunden; Wujciak/DSO, Ausschuß-Drs. 602/13, 2 ff.
[42] Wujciak/DSO, Ausschuß-Drs. 602/13, 2 ff.
[43] Vgl. §§ 10 ff. TPG.

solcher läßt sich nach dem neuen Gesetz definitiv kein Anspruch mehr auf eine lokale, „eigene" Verwendung von Transplantaten herleiten.[44]

Auch die noch in vorspezialgesetzlicher Zeit durch Eurotransplant geschaffene Fiktion der Transplantationszentren Dresden, Halle, Jena, Leipzig und Rostock auf dieser Bewertungsstufe als „eigenes Land" zur Umsetzung der von diesen erhobenen Forderung nach Steigerung der Verbleibensquote dort explantierter Organe läßt sich mit den neuen spezialgesetzlichen Allokationsvorgaben nicht in Einklang bringen.

Die derzeitige Handhabung des Punktwerts für den Nierendistanzfaktor durch Eurotransplant begegnet somit schwerwiegenden rechtlichen Bedenken. Ohne fundierte Erläuterung und Begründung kann dieser Distanzfaktor in seiner jetzigen Ausprägung m.E. nicht ohne weiteres Stützung durch die Richtlinien der Bundesärztekammer erfahren. Fiktiv der Rechtsprüfung unterzogen, würde die aktuelle Nierenallokationspolitik die Genehmigung des Bundesgesundheitsministeriums allein wegen der Ausprägung ihres Distanzfaktors nicht erhalten können.

b) Herzallokation

Besteht in der Herzallokation kein Fall der Hochdringlichkeit oder wurde ein entsprechendes Organzuteilungsangebot abgelehnt, hat nach der derzeitigen Eurotransplant-Allokationspolitik das Spenderzentrum erste Verteilungspräferenz.[45] Die nun im Rahmen des sog. Selbstbehalts erforderliche Allokationsentscheidung unter den transplantablen Patienten vor Ort wird unter Verwendung folgender Allokationskriterien getroffen:[46] Kompatibilität von Blutgruppen, Größenverhältnissen, Alter[47] sowie Wartezeit[48].[49]

Zwar lassen sich die vorgenannten Allokationskriterien unter die gesetzliche Vorgabe einer Organallokation subsumieren, die nach Regeln zu erfolgen hat, die dem Stand der Erkenntnisse der medizinischen Wissenschaft entsprechen und insbesondere Erfolgsaussicht und Dringlichkeit berücksichtigen. Die Allokationspolitik der Organvermittlung in Eigenregie des Transplantationszentrums vor Ort als solche widerspricht jedoch der gesetzlichen Vorgabe der zentralen patientenorientierten Allokation mittels einer einheitlichen Warteliste (§ 12 III 2 TPG).

---

[44] Vgl. hierzu Lilie, in: Deutsche Gesellschaft für Medizinrecht (DGMR) e.V. (Hg.), (Ist das Local-Donor-Prinzip mit dem TPG vereinbar?.), (in diesem Band).
[45] Ca. 55% der Allokationsfälle.
[46] Aufzählung in der Reihenfolge ihrer Wichtigkeit.
[47] Das konkrete Spenderalter darf nicht höher als das erlaubte Spenderalter sein, welches zuvor für den fraglichen Transplantationskandidaten spezifiziert wurde.
[48] Als Hilfsallokationskriterium, Lachmann/Meuter, Medizinische Gerechtigkeit, 37 f.
[49] Eurotransplant-Handbuch, 50 ff.

Fiktiv der Rechtsprüfung unterzogen, würde auch die derzeitige Herzallokationspolitik unter Berücksichtigung des Selbstbehalts die Genehmigung des Bundesgesundheitsministeriums nicht erlangen können.

Ein an der kalten Ischämiezeit orientierter und insbesondere auch in seinem Ausmaß sachlich zutreffend begründeter Distanzfaktor eines zukünftigen Herzallokationssystems auf Punktebasis würde angesichts der Rückbindbarkeit an das Allokationskriterium der Erfolgsaussicht grundsätzlich keinen rechtlichen Bedenken begegnen. Letztendlich könnte dies in rechtskonformer Weise eine gewisse Verbleibensquote lokal explantierter Organe bewirken, zumal die maximal vertretbare kalte Ischämiezeit beim Herzen[50] vergleichsweise kurz ausfällt.

Die übrigen Herzangebote für die sonst transplantablen Patienten erfolgen schon heute durch Eurotransplant zentral und patientenorientiert.[51] Die hierbei verwendeten Allokationskriterien entsprechen den vorgenannten und sind aus dem Blickwinkel der fiktiven Rechtsprüfung keinen rechtlichen Vorbehalten ausgesetzt.

c) Leberallokation

Bei den Lebern erfolgt die Organverteilung derzeit zu 80% vor Ort im Rahmen des Selbstbehalts bzw. der Zentrumsallokation.

In folgenden Allokationsfällen kann nach der derzeitigen Allokationspolitik Eurotransplants das Transplantationszentrum den Organempfänger selbst aussuchen: zu 45% als „Spenderzentrum", wobei der ausgewählte Patient zuvor Eurotransplant mitgeteilt werden sollte und zu 35% als durch Eurotransplant im Rahmen der zentrumsorientierten Organallokation ausgesuchtes Transplantationszentrum. Im letzten Fall existiert kein lokales Transplantationszentrum oder dieses hat das fragliche Organ zu Weitervermittlung freigegeben. Die Zentrumsreihenfolge (Zentrumsranking) hierbei bestimmt sich nach der aktuellen Lebertransplantationsaktiviät der Zentren basierend auf ihrer jeweiligen zurückliegenden Transplantationsaktivität.

Als hier angewandte Allokationskriterien sind zu nennen: der erwartete Erfolg, die Alterskompatibilität, die Größen- und Gewichtsverhältnisse sowie die Dynamik der Erkrankung anhand der Leberfunktionswerte. Die Wartezeit stellt in der Leberallokation kein echtes Allokationskriterium dar, da Lebertransplantationskandidaten in der Regel keine langen Wartezeiten überstehen können.

---

[50] Ca. 2-4 h.
[51] Ca. 45% der Allokationsfälle.

Wie schon bei den Herzen widersprechen die vorgenannten Allokationskriterien zwar nicht den gesetzlichen Allokationsregeln. Allerdings entspricht die hier anzutreffende Selbstbehalts- und Zentrumsallokationspolitik nicht der gesetzlichen Vorgabe der zentralen patientenorientierten Allokation mittels einer einheitlichen Warteliste (§ 12 III 2 TPG). Fiktiv der rechtlichen Prüfung unterzogen, würde schließlich auch die aktuelle Leberallokationspolitik allein unter Berücksichtigung des Selbstbehalts und der Zentrumsallokation vom Bundesgesundheitsministerium nicht genehmigt werden können.

Wie zuvor schon bei den Nieren stößt ein an der kalten Ischämiezeit orientierter und insbesondere auch im Ausmaß sachlich zutreffend begründeter Distanzfaktor eines denkbaren Herzverteilungssystems auf Punktebasis angesichts seiner Rückbindbarkeit an das Allokationskriterium der Erfolgsaussicht grundsätzlich auf keine rechtliche Kritik. Letztlich könnte dieser in rechtskonformer Weise für eine gewisse Quote lokalen Verbleibs vor Ort explantierter Organe sorgen, zumal bei der Leber die noch vertretbare kalte Ischämiezeit mit maximal ca. 12 h immer noch deutlich kürzer ausfällt als bei den Nieren.

d) Fazit

Rechtlich nicht zu beanstanden ist, daß unter zulässiger Rückbindung an das Allokationskriterium der Dringlichkeit Eurotransplant prioritär zentral und patientenorientiert (hoch-)dringliche Patienten mit Nieren, Herzen und Lebern versorgt und im übrigen die Verteilung zugunsten Elektiver vornimmt.

Abzüglich der vorgenannten Kritik zum Distanzfaktor deckt sich im weiteren die Nierenallokation von den hier untersuchten Allokationspolitiken Eurotransplants derzeit am ehesten mit den Allokationsvorgaben des Transplantationsgesetzes. Die Nierenvermittlung erfolgt zentral patientenorientiert mittels einer einheitlichen Warteliste nach Regeln, die dem Stand der Erkenntnisse der medizinischen Wissenschaft entsprechen. Wartezeiten gerade für benachteiligte Langwarter bei mindestens gleichbleibender Qualität der Organversorgung zu verkürzen, widerspricht nicht den Allokationsvorgaben des Transplantationsgesetzes. Innerhalb der Zweijahresfrist[52] ist zu bewirken, daß Ausgestaltung und Begründung des Distanzfaktors tatsächlich mit dem Stand der Erkenntnisse der medizinischen Wissenschaft übereinstimmen.

Im Bereich der Herz- und der Leberallokation stehen die einzelnen verwendeten Allokationskriterien dem Stand der Erkenntnisse der medizinischen Wissenschaft nicht entgegen. Der in diesem Bereich anzutreffende Selbstbehalt sog. „Spenderzentren" und die zentrumsorientierte Leberverteilung mit dem Zentrumsranking zugunsten einer Organzuteilung in Eigenregie vor Ort

---

[52] § 25 II i.V.m. 12 V, VI TPG.

kongruieren jedoch nicht mit der gesetzlichen Vorgabe der zentralen patientenorientierten Allokation mittels einer einheitlichen Warteliste. Innerhalb der genannten Zweijahresfrist ist somit die Organvermittlung der Herzen und Lebern auf eine zentrale patientenorientierte, mittels einer einheitlichen Warteliste vorgenommene, Allokation umzustellen.

IV. Die Richtlinienkompetenz der Bundesärztekammer im Zusammenhang mit der Patientenlistung

Als an einem Transplantationszentrum gemeldeter Patient von den dortigen Transplantationsärzten akzeptiert und in eine Warteliste des Zentrums aufgenommen zu werden (Patientenlistung), heißt, eine harte Patientenselektion schon vor der eigentlichen Organverteilung erfolgreich passiert zu haben.[53]

Mit diesem starken Filterprozeß wird erreicht, daß für einen organkranken Patienten mit der Zuteilung eines Wartelistenplatzes tatsächlich die begründete Aussicht verbunden ist, in absehbarer Zeit ein Organ zu erhalten.[54] Hierin liegt der eigentliche Sinn von Wartelisten, die gebildet werden, weil die Zuteilung einer knappen Ressource zwar nicht sofort, wohl aber prinzipiell, d.h. zu einem späteren Zeitpunkt, möglich ist.[55]

Die spezialgesetzliche Strukturierung der Patientenauswahl durch die Transplantationsärzte bei der Patientenlistung stellt eine zu begrüßende Konkretisierung dieser dem Standard der ärztlichen Heilbehandlung unterworfenen Tätigkeit dar, welche mit der guten ärztlichen Praxis der Patientenmeldung durch vorbehandelnde Ärzte außerhalb der Transplantationszentren korrespondiert. Die Festlegung des Transplantationsgesetzes auf Aufnahmeregeln, die dem Stand der Erkenntnisse der medizinischen Wissenschaft entsprechen und insbesondere Notwendigkeit und Erfolgsaussicht der Organübertragung berücksichtigen, ist um so wichtiger, als die Eurotransplant-Stiftung bislang die Überprüfung von Patientenlistung ausdrücklich nicht als ihre Aufgabe ansieht.[56] Ein Abstellen auf non-medizinische Zulassungskriterien wie etwa *social worth*, Selbstverschulden oder kalendarisches Lebensalter ohne jeden Bezug zur medizinischen Wissenschaft ist nunmehr unter Geltung des Transplantationsgesetzes auch einfachgesetzlich unzulässig.[57]

---

[53] Für Einzelheiten siehe Conrads, Rechtliche Grundsätze der Organallokation, B. II. 1. (im Druck).
[54] Feuerstein, Transplantationssystem, 172.
[55] Lachmann/Meuter, Wartelisten, 194 ff. (195).
[56] Eurotransplant, Allocation Policy, 1, 33, 62, 85 (jeweils unter 1. 1. 2.).
[57] Eines Rekurses auf die Patientengrundrechte nach Art. 1 I 1, 2 II 1 und 3 GG bedarf es somit nicht.

Anders freilich kann die Beurteilung ausfallen, wenn sich beispielsweise Gesichtspunkte wie Compliance oder Lebensalter etwa auf die medizinische Beurteilung der Erfolgsaussicht der Transplantation auswirken. Hier muß durch die entsprechende Richtlinienarbeit der Bundesärztekammer - für die das oben insbesondere unter II. Gesagte entsprechend gilt - die Relevanz solcher Faktoren für den Stand der Erkenntnisse der medizinischen Wissenschaft bezüglich der Aufnahmeregeln sowie deren Meßbarkeit verbindlich geklärt sein.

V. Literatur

Conrads, Christoph, Eurotransplant und UNOS - Modelle der Organallokation?, MedR 1996, 300 ff.

Conrads, Christoph, Rechtliche Aspekte der Organallokation unter besonderer Berücksichtigung der strafrechtlichen Verantwortung des Arztes, in: Lachmann, Rolf/Meuter, Norbert (Hg.), Zur Gerechtigkeit der Organverteilung, Ein Problem der Transplantationsmedizin aus interdisziplinärer Sicht, Stuttgart 1997, 69 ff.

Conrads, Christoph, Rechtliche Grundsätze der Organallokation, Göttinger Juristische Dissertation, Baden-Baden 1999 (im Druck)

Deutsch, Erwin, Medizinrecht, Arztrecht, Arzneimittelrecht und Medizinprodukterecht, 3. Aufl., Berlin 1997

Deutsch, Erwin, Das Transplantationsgesetz vom 5.11.1997, NJW 1998, 777 ff.

Eurotransplant, Recipient Registration Policy, Transplantation Policy, Match & Allocation Policy for Kidney, Heart, Lung, Liver and Pancreas, March 6, 1995, Allocation Procedure, Leiden 1995

Eurotransplant, Recipient Registration Policy, Transplantation Policy, Match & Allocation Policy for Kidney, Heart, Lung, Liver and Pancreas, March 6, 1995, Allocation Procedure (deutsche Übersetzung)

Feuerstein, Günter, Das Transplantationssystem, Dynamik, Konflikte und ethisch-moralische Grenzgänge, Weinheim 1995

Gesetzentwurf der Fraktionen der CDU/CSU, SPD und F.D.P., Entwurf eines Gesetzes über die Spende, Entnahme und Übertragung von Organen (Transplantationsgesetz - TPG), BT-Drs. 13/4355

Hart, Dieter, Ärztliche Leitlinien - Definitionen, Funktionen, rechtliche Bewertungen, Gleichzeitig ein Beitrag zum medizinischen und rechtlichen Standardbegriff, MedR 1998, 8 ff.

Heinze, Meinhard, Allokationsprobleme in der Transplantationsmedizin aus zivilrechtlicher Sicht, in: Lachmann, Rolf/Meuter, Norbert (Hg.), Zur Gerechtigkeit der Organverteilung, Ein Problem der Transplantationsmedizin aus interdisziplinärer Sicht, Stuttgart 1997, 83 ff.

Hetzer, Roland, Stellungnahme zu den Entwürfen eines Transplantationsgesetzes (TPG) und den ergänzenden Gruppenanträgen, Deutscher Bundestag, Ausschuß für Gesundheit, Ausschuß-Drs. 602/13, 12 f.

Holznagel, Bernd, Sachverständige Stellungnahme zum Entwurf eines Gesetzes über die Spende, Entnahme und Übertragung von Organen (TPG) aus verfassungsrechtlicher und verwaltungswissenschaftlicher Sicht, Deutscher Bundestag, Ausschuß für Gesundheit, Ausschuß-Drs. 601/13, 2 ff.

Lachmann, Rolf/Meuter, Norbert (Hg.), Zur Gerechtigkeit der Organverteilung, Ein Problem der Transplantationsmedizin aus interdisziplinärer Sicht, Stuttgart 1997

Lachmann, Rolf/Meuter, Norbert, Medizinische Gerechtigkeit - Patientenauswahl in der Transplantationsmedizin, München 1997

Lachmann, Rolf/Meuter, Norbert, Bedeutung von Wartelisten im Vergleich zu anderen Zuteilungskriterien, Eine ethische Bewertung, in: Nagel, E./Fuchs, Ch. (Hg.), Leitlinien und Standards im Gesundheitswesen, Köln 1997, 194 ff.

Schreiber, Hans-Ludwig, Schriftliche Stellungnahme zur öffentlichen Anhörung der Ausschüsse für Gesundheit u.a. zu den Gesetzentwürfen für ein Transplantationsgesetz am 9. Oktober 1996, Deutscher Bundestag, Ausschuß für Gesundheit, Ausschuß-Drs. 603/13, 17 ff. (erneut abgedruckt als Ausschuß-Drs. 618/13, 6 ff.)

Vanrenterghem, Y./Persijn, Guido, The Implementation of the new Eurotransplant Kidney Allocation System, Eurotransplant Newsletter Vol. 131, March 1996, 4 ff.

Wujciak, Thomas/Deutsche Stiftung Organtransplantation (DSO), Stellungnahme zum Transplantationsgesetz (Anhörung des Gesundheitsausschusses des Deutschen Bundestages am 9.10.96), Deutscher Bundestag, Ausschuß für Gesundheit, Ausschuß-Drs. 602/13

Ist das Local-Donor-Prinzip mit dem Transplantationsgesetz (TPG) vereinbar?

H. Lilie

Die mit dem Vortragsthema aufgegebene Fragestellung wäre am einfachsten mit „ja" oder „nein" zu beantworten. Aber schon im Studium lernt man, daß ein guter Jurist nie einfach mit „ja" oder „nein" antwortet. Die richtige Formel lautet dann: „Es kommt darauf an." So oder ähnlich wird man auch die gestellte Frage beantworten müssen.

Bei den Beratungen und Anhörungen im Rahmen des Gesetzgebungsverfahrens zum Transplantationsgesetz sind die verschiedensten Fragen innerhalb der komplexen Materie ausführlich diskutiert worden.[1] Die Probleme, die damals im Zentrum der Diskussion gestanden haben,[2] spielen allerdings heute - bei der Umsetzung des TPG - kaum noch eine Rolle. Dagegen sind mit Inkrafttreten des TPG einige Regelungen auf die Transplantationslandschaft zugekommen, deren alltägliche Relevanz und Brisanz erst im Nachhinein deutlich wurden. Nicht zuletzt deshalb wurde in der Praxis beklagt, ohne das Gesetz sei alles viel einfacher gewesen. Für alle Beteiligten, Ärzte, Patienten, Eurotransplant und die DSO, schienen die Fragen der Organallokation gerade im Zusammenhang mit der Wartelistenpolitik geklärt. Man könnte sagen, die „claims" waren abgesteckt. Eine Art dieses Absteckens neuer „claims" war die Regionalisierung als eine Reaktion auf unterschiedlichste Entwicklungen im Bereich der Allokation, die gemeinhin bekannt sind. Dieser offensichtlich aus den USA stammende Trend wurde durch Inkrafttreten des Transplantationsgesetzes jäh, für einige auch überraschend, gestoppt, drohte doch ein erfolgversprechendes bzw. bereits erfolgreiches Prinzip von Allokation und Transplantation zerstört zu werden. Von der Regionalisierung

---

[1] Vgl. insoweit z.B. BT-Drs. 13/4355, 13(8017, 13/8025, 13/8026, 13/8027, 13/8020, 13/8029, 13/8030, 13/8031; BT-Prot. 13/183, S. 16401 ff.; BR-Drs. 635/97.
[2] Vgl. die Arbeiten von *Feuerstein*, Das Transplantationssystem: Dynamik, Konflikte und ethisch-moralische Grenzgänge, München 1995; *Schöning*, Rechtliche Aspekte der Organtransplantation unter Berücksichtigung des Strafrechts, Zürich 1996; *Kopetzki*, Organgewinnung zu Zwecken der Transplantation. Eine systematische Analyse des geltenden Rechts, Wien/New York 1988; *Kramer*, Rechtsfragen der Organtransplantation, München 1987; *Meuter/Lachmann* (Hg.), Zur Gerechtigkeit der Organverteilung, Stuttgart u.a. 1997; *Kühn*, Die Motivationslösung. Neue Wege im Recht der Organtransplantation, Berlin 1998 u.v.a.m.

bzw. dem Local-Donor-Prinzip hatte man sich insbesondere versprochen, die zunehmende Diskrepanz zwischen Organangebot und Organbedarf entschärfen zu können: Durch die Regionalisierung sollte nämlich in einem definierten Raum durch die Bündelung der Kräfte ein Kreislauf von Organspende, erfolgreicher Allokation und Transplatation mit zunehmender Dynamik in Gang gesetzt werden.

Vertreter einer entgegengesetzten Interessenlage, nämlich einer zentralen Praxis, sind nun der Auffassung, das Transplantationsgesetz habe einer durch das Local-Donor-Prinzip dominierten Vermittlungspraxis den Boden entzogen. Die Verteilung aller Organe habe nunmehr strikt nach Maßgabe einer bundeseinheitlichen Warteliste zu erfolgen. Eine bevorzugte Berücksichtigung lokaler Empfänger sei danach unzulässig, zulässige Kriterien einer Warteliste könnten gem. § 12 Abs. 3 Satz 1 TPG nur die Erfolgsaussicht und Dringlichkeit für geeignete Patienten sein. Eine solche Konkretisierung sei allein durch die Festlegung medizinischer Kriterien denkbar. Das so entwickelte Vergabeprinzip sei einer weiteren Konkretisierung damit nicht zugänglich. Die Vereinbarungen zwischen den Transplantationszentren und der DSO hätten darüber hinaus schon deshalb nur provisorischen Charakter, da diese Verträge vorrangig der Förderung der Transplantationsmedizin bis zum Inkrafttreten des TPG und dessen organisatorischer Umsetzung gedient hätten. Mit dem Inkrafttreten des TPG hätten diese Regelungen somit ihre Relevanz eingebüßt.

Der diese Kontroverse entscheidende Streit betrifft die Auslegung des Satzes: „Die Wartelisten der Transplantationszentren sind dabei als eine einheitliche Warteliste zu behandeln."[3]

Zwei Dinge fallen schon bei der ersten Lektüre dieses Satzes auf: Der Gesetzgeber hat nicht formuliert, daß die Wartelisten „einheitlich" sind, sondern daß sie als „einheitliche Warteliste" zu behandeln seien. Zum anderen lautet die Formulierung auch nicht, daß die Wartelisten der Transplantationszentren *grundsätzlich* als „einheitliche Liste" zu behandeln seien, sondern daß sie „*dabei*" als einheitliche Warteliste zu behandeln seien. Dieses „dabei" bezieht sich auf § 12 Abs. 3 Satz 1 TPG, nämlich auf die Anwendung der Verteilungsregelungen durch die Vermittlungsstelle. Aber trotzdem läßt diese Regelung die gewünschte Eindeutigkeit vermissen.

Die Vermittlung soll nach dem Stand der Erkenntnisse der medizinischen Wissenschaft, *insbesondere* nach Erfolgsaussicht und Dringlichkeit, erfolgen. Erneut liegen auch hier Widersprüche auf der Hand: Erfolgsaussicht und Dringlichkeit sind nicht die einzigen Kriterien. Mit der Formulierung „*insbesondere* nach Erfolgsaussicht und Dringlichkeit" zeigt der Gesetzgeber vielmehr auf, daß es darüber hinaus weitere Kriterien geben kann oder sogar

---

[3] § 12 Abs. 3 Satz 2 TPG.

Ist das Local-Donor-Prinzip mit dem Transplantationsgesetz (TPG) vereinbar? 55

geben muß. Schließlich sind die Kriterien Erfolgsaussicht und Dringlichkeit für sich genommen bereits widersprüchlich: Je dringlicher die Transplantation für den einzelnen Patienten wird, desto schlechter ist es zumeist um seine Gesundheit bestellt. Entsprechend geringer sind dann häufig die Erfolgsaussichten einer Transplantation.

Schon nach diesen wenigen Ausführungen werden der scheinbar unauflösbare Zirkel von Problemen und die daran anschließenden Fragen deutlich:

1. Wie wird aus den Wartelisten der Transplantationszentren eine einheitliche Warteliste?
2. Was bedeutet es, daß die Wartelisten der Transplantationszentren keine einheitlichen sind, wohl aber als einheitliche zu behandeln sein sollen?
3. Schließlich: Welche Relevanz hat es, daß neben Erfolgsaussicht und Dringlichkeit für geeignete Patienten möglicherweise weitere Kriterien eine Rolle spielen können?

Das Local-Donor-Prinzip verfolgt zwei Ziele: Neben effizienzorientierten Allokationskriterien sollen - und dieser Gedanke hat insbesondere die internationale transplantationsethische Diskussion schon immer beherrscht - auch Gerechtigkeitskriterien eine Rolle spielen.[4] Die Verteilung der knappen „Organe" muß daher nicht nur wirtschaftlich vernünftig, sondern auf eine auch öffentlich zu rechtfertigende und nachvollziehbare Art erfolgen. Dabei geht es im wesentlichen darum, daß alle Patienten die gleichen Chancen auf individuelles gesundheitliches Wohlergehen haben. Der Gedanke der Regionalisierung ist hierbei aus der amerikanischen Praxis übernommen worden. Die extrem großen Entfernungen in Amerika haben es notwendig gemacht, das amerikanische Organallokationssystem in 11 Regionen einzuteilen. Dort arbeitet man nach dem Prinzip „locals first". Nach dieser Organverteilungspolitik werden Organe zunächst solchen Patienten angeboten, die in der Region leben, in der die Organe gewonnen wurden. Anschließend erfolgt das Angebot an Patienten in den umliegenden Regionen, bevor schließlich alle Patienten landesweit in das Organangebot eingeschlossen werden. Auch die Diskussion in den Vereinigten Staaten setzt sich damit auseinander, daß dies zu dem Ergebnis führt, daß Patienten mit höherer Dringlichkeit, die aber in anderen Regionen leben, wegen des lokalen Faktors schlechter bedient werden.

Ausgangspunkt der Regionalisierung in der Bundesrepublik Deutschland waren die ungünstigen Startbedingungen in den neuen Bundesländern nach der Wiedervereinigung. Nur sehr kleine Wartelisten und große Zurückhaltung in der Bereitschaft der Spenderkrankenhäuser zur Mitarbeit waren Anlaß für die sogenannte Regionalisierung. Gleichzeitig war beabsichtigt, diejenigen

---

[4] Zu diesem Problemkreis umfassend: *Schmidt*, Politik der Organverteilung, Eine Untersuchung über Empfängerauswahl in der Transplantationsmedizin, Baden-Baden 1996.

Zentren/Regionen, die sich durch die Regionalisierung benachteiligt sahen, unter Betonung der regionalen Verbundenheit von Spendern und Empfängern zu größerem Einsatz bei der Organspende zu motivieren. Ein weiterer Gedanke war, daß wirtschaftliche Erwägungen gegen einen „Transplantationstourismus" sprechen und regionale Transplantation und Nachsorge kostengünstiger sind. Schließlich wurde behauptet, es fehle die Bereitschaft, Zentren mit signifikant großen Wartelisten durch kleine Zentren zu subventionieren.

Nach § 12 Abs. 3 Satz 1 TPG sind die vermittlungspflichtigen Organe von der Vermittlungsstelle nach Regeln, die dem Erkenntnisstand der medizinischen Wissenschaft entsprechen, insbesondere nach Erfolgsaussicht und Dringlichkeit für geeignete Patienten, zu vermitteln. Die damit einhergehende Konsequenz einer einheitlichen Warteliste soll die Chancengleichheit nach Maßgabe medizinischer Kriterien für alle Transplantatempfänger sicherstellen. Das ist zumindest der gesetzgeberische Wille.[5] Infolgedessen sind diese gesetzlichen Festlegungen[6] verbindliche Vorgaben für den Vertrag über die Aufgaben der Vermittlungsstelle mit Wirkung für die Transplantationszentren nach § 12 Abs. 4 Satz 2 TPG. Dieser Vertrag hat gem. § 12 Abs. 4 Satz 2 Nr. 3 TPG u. a. die Vermittlung der Organe nach den Vorschriften von § 12 Abs. 3 TPG sowie das Verfahren zur Einhaltung der Vorschriften nach § 12 Abs. 1 Satz 3 und 4 TPG zu regeln. Schon daraus ergibt sich, daß es sich bei der einheitlichen Warteliste des § 12 Abs. 3 Satz 2 TPG nicht um *eine* Liste im ganz formalen Sinne handeln kann: Die einzelnen Transplantationszentren müssen eigene Wartelisten führen (§ 10 Abs. 2 Nr. 1 TPG). Darüber hinaus gibt es internationale Listen, wie die von Eurotransplant in Leyden. Die einzelnen Wartelisten der Transplantationszentren sind aber von der Vermittlungsstelle bei der Vermittlung der Organe als eine einheitliche Warteliste zu behandeln.

Nach Inkrafttreten des Transplantationsgesetzes stehen wir nun vor der Aufgabe, § 12 Abs. 3 S. 2 TPG als die hier vorgegebene Norm für die Allokationspraxis auszulegen. Das Handwerkszeug zur Gesetzesauslegung stellt uns die juristische Methodenlehre zur Verfügung. Es geht darum, wie es *Engisch* formuliert hat, „theoretisches und praktisches Verstehen, historisches Erfassen dessen, was eigentlich gemeint und gewollt ist, und gegenwartsnahe Sinnentfaltung in das richtige Verhältnis zu bringen"[7]. Dafür stehen die grammatische, die logisch-systematische, die subjektiv-historische und die objektiv-teleologische Auslegung zur Verfügung.

---

[5] BT-Drs. 13/4355, S. 26.
[6] § 12 Abs. 3 Satz 1 und 2 TPG.
[7] *Engisch*, Einführung in das juristische Denken, S. 96, umfassend zur Gesetzesauslegung und zu den einzelnen Methoden: *Fikentscher*, Methoden des Rechts in vergleichender Darstellung, Band III, 1976, v.a. S. 662 ff.

Die *grammatische* Auslegung ermittelt die unmittelbare Wortbedeutung nach dem gesetzlichen oder natürlichen Sprachgebrauch. Die *logisch-systematische* Methode sucht den Regelungsgehalt einer Norm aus deren Stellung im Gesamtzusammenhang eines Gesetzes zu erkennen. Die *subjektiv-historische* Methode stellt entscheidend auf den Willen des historischen Gesetzgebers ab. Zur Auslegung zieht sie die Entstehungsgeschichte, insbesondere die Gesetzesmaterialien, wie Regierungsentwürfe und Parlamentsberatungen, heran. Die *objektiv-teleologische* Methode geht davon aus, daß ein Gesetz sich mit seinem Erlaß quasi verselbständigt und innerhalb seines Regelungskontextes zu verstehen ist. Sie fragt nach dem gegenwärtigen Sinn und Zweck einer Vorschrift.

Die derzeitige Praxis arbeitet mit einer Synthese der verschiedenen Methoden, erkennt dabei aber der *objektiv-teleologischen* als der systematischsten Methode, die horizontal einen breiteren Regelungszusammenhang im Blick hat, den Vorrang zu. Die anderen Methoden werden als mögliche Wege anerkannt, sich der Deutung des Gesetzessinnes - quasi vertikal und nur auf den speziellen Regelungsausschnitt bezogen - zu nähern. Es ist deshalb sinnvoll, unter Zugrundelegung des Systemzusammenhangs zunächst vom Wortlaut der Vorschrift auszugehen und unter Berücksichtigung der Entstehungsgeschichte den gegenwärtigen Sinn unserer Vorschrift zu erfassen.

Bereits der Wortlaut des § 12 Abs. 3 TPG ist äußerst aufschlußreich. Als Grundlage für die Arbeit der Vermittlungstelle wird der Stand der Erkenntnisse der medizinischen Wissenschaft herangezogen. Der Gesetzgeber hat damit die Fragen der Allokation nicht selbst bis ins Detail geregelt, sondern es der Berufsgruppe selbst überlassen, die Kriterien nach dem Standard ihres eigenen Faches zu bilden. Dabei hat der Gesetzgeber vorgegeben, daß Erfolgsaussicht und Dringlichkeit den Ausschlag geben, durch die Verwendung des vorangestellten Wortes „*insbesondere*" jedoch deutlich gemacht, daß es sich hier um etwas ähnliches wie um Regelbeispiele handeln soll. Das bedeutet, daß die Kriterien der einheitlichen Warteliste neben Erfolgsaussicht und Dringlichkeit auch andere Aspekte enthalten können. Darüber hinaus ist es eine Aufgabe der Transplantationswissenschaft zu klären, wie Erfolgsaussicht und Dringlichkeit im Zusammenhang des § 12 Abs. 3 TPG, ausgehend von dem mit dieser Vorschrift verfolgten Zweck, zu definieren sind.

Für den Juristen steht damit ein Ergebnis fest. Ein Ergebnis, das auch mit dem Sinn und Zweck des Gesetzes sehr gut übereinzustimmen scheint: Es war eben nicht der Gesetzgeber und es sollte nicht ausschließlich mit juristischen Kriterien bestimmt werden, wie das Wartelistenverfahren und damit die Allokation zu erfolgen haben. Gerade die fachinterne Diskussion im Kreise der Transplantationsmediziner und damit unter dem Dach der Bundesärztekammer sollte diese Kriterien ausfüllen und so zu einer praktikablen Anwendung führen. Schon damit zeigt sich, daß die eingangs gestellte Frage, ob das Local-Donor-Prinzip mit dem Transplantationsgesetz noch vereinbar ist, eigentlich gar nicht von Juristen, sondern in erster Linie von den medizinischen Fachleuten beurteilt werden muß. Entsprechendes hat der Gesetzgeber schon in der Begründung des Entwurfes des Transplantationsgesetzes zu dem von ihm verfolgten Ziel zum Ausdruck gebracht.[8] Zum einen wurde betont, daß die Organvermittlung keine zwingende Staatsaufgabe sei. Der Gesetzgeber wollte durch das Transplantationsgesetz nicht mehr als eine sachgerechte Verteilung der knappen Spenderorgane an geeignete Empfänger im Rahmen des gesundheitlichen Versorgungssystems ermöglichen. Nur für den Fall, - der hoffentlich nicht eintritt - daß sich die Transplantationsmedizin innerhalb von zwei Jahren nach Inkrafttreten des Gesetzes nicht einigen sollte, wurde im Gesetz[9] deshalb vorgesehen, daß der Gesetzgeber diese Dinge durch eine Verordnung regeln kann.[10] Aus dem Gesundheitsministerium war hinter vorgehaltener Hand schon zu hören, daß man auf diesen Fall vorbereitet sei.

Im weiteren sind auch die Gesetzesmaterialien aufschlußreich. In der Begründung heißt es nämlich im selben Zusammenhang, daß es sich bei Erfolgsaussicht und Dringlichkeit um „im Gesetz besonders genannte allgemeine Kriterien"[11] handele. Wenn aber im Gesetz besonders genannte allgemeine Kriterien aufgezählt werden, muß es darüber hinausgehende weitere Kriterien geben. Entsprechend führt die Begründung des Gesetzes aus, daß *neben* Dringlichkeit und Erfolgsaussicht weitere Umstände in angemessener Gewichtung auf die Allokationsentscheidung Einfluß haben können. Dabei werden beispielhaft die Wartezeit, zusätzliche gesundheitliche Belastungen und andere Kriterien genannt.[12] Zu diesen könnte man durchaus auch lokale Bezüge, wie Organaufkommen und Organbedarf, zählen.

Mit der Vermittlung von einer einheitlich zu behandelnden Warteliste aus, wie in § 12 Abs. 3 S. 2 TPG vorgesehen, soll die Chancengleichheit nach der Maßgabe einheitlicher medizinischer und eben auch solcher Kriterien, wie sie beispielhaft in Satz 1 aufgeführt sind, gesichert werden. Mit der Chancengleichheit ist hier der entscheidende Punkt angesprochen. In der Diskussion über die Organverteilung werden über die Chancengleichheit immer wieder die Gerechtigkeitskriterien, die in der Diskussion seit langem eine große Rolle spielen, angesprochen. Man hofft, durch ein Prinzip der Gerechtigkeit die materielle Gleichbehandlung von Patienten gewährleisten zu können. Es kann hier nicht der Ort sein, den Begriff der „Gerechtigkeit"[13] umfassend zu klären. Freilich steht fest, daß Gerechtigkeit immer in einem Spannungsverhältnis mehrerer Seiten der Rechtsidee steht, in die neben der Gerechtigkeit die Zweckmäßigkeit und die

---

[8] So BT-Drs. 13/4355, S. 11, 14.
[9] § 25 Abs. 2 TPG.
[10] § 12 Abs. 6 i.V.m. § 25 Abs. 2 TPG.
[11] BT-Drs. 13/4355, S. 14
[12] BT-Drs. 13/4355, S. 26
[13] Vgl. z.B. *Radbruch*, Rechtsphilosophie II in: Gesamtausgabe Bd. 2, 1993, S. 258.

Rechtssicherheit hineingehören. Deshalb kann man, wie es beispielsweise *Land*[14] oder *Gutmann*[15] zutreffend beschreiben, die Frage stellen, welche Ungleichheiten unter den Patienten jeweils berücksichtigungswürdig sind und folglich nach ungleicher, nämlich *ausgleichender* Behandlung durch einen Vorrang bei der Allokation von Ressourcen verlangen. Die beiden eben genannten Autoren haben in diesem Zusammenhang darauf hingewiesen, daß unter Gerechtigkeitsaspekten andere als patientenorientierte Kriterien eine nur subsidiäre Rolle spielen dürfen. Nach den hier erarbeiteten Kriterien kann man deshalb zu dem Schluß kommen, daß eine Lokalverteilung von Organen nur insoweit eine Rolle spielen kann, wie die kalten Ischämiezeiten als medizinisches Kriterium auf die Organverteilung Einfluß nehmen.

Seit dem Inkrafttreten des Transplantationsgesetzes hat sich die Diskussionslage allerdings für zwei Bereiche entspannt: Die Transplantationsmediziner haben von der Chance des Gesetzes Gebrauch gemacht und die medizinischen Kriterien im Rahmen des § 12 Abs. 3 TPG konkretisiert:

a) Herztransplantation

In Abstimmung mit Eurotransplant wurde nach teilweise heftigen Auseinandersetzungen im Kreise der Thoraxchirurgen Einigkeit erzielt, daß eine bundeseinheitliche Warteliste nach einem Screening der SU-Patienten eine Gewichtung aufnimmt, bei der bis zu 50 % die Distanz, und damit ist die jeweilige Region gemeint, in die Wartezeit mit eingeht. Bei einem solchen Modell wird der Distanzfaktor als Regionalfaktor aufgefaßt und ermöglicht eine eindeutige Zuordnung des einzelnen Patienten zum Rang auf einer Warteliste. Eine so strukturierte Warteliste wird zu einem Drittel durch die medizinischen Kriterien der Dringlichkeit, Notwendigkeit und Erfolgsaussicht gebildet. In diesem Rahmen wird unabhängig von Wartezeit und Region operiert. Zwei Drittel der Organe werden innerhalb der bundeseinheitlichen Warteliste und nach Distanzfaktoren vergeben. Dabei ist die Gewichtung der Faktoren Wartezeit und Distanz so bemessen, daß im Durchschnitt jeder der beiden Faktoren zur Hälfte in die Allokationsbewertung einfließt.

b) Nierentransplantation

Für die Nierenallokation hat ebenfalls in Zusammenarbeit mit Eurotransplant ein Konsensvorschlag Zustimmung gefunden. Die Entfernung vom Spender zu dem jeweiligen Transplantationszentrum geht als einer von sechs Faktoren mit einer

---

[14] *Land*, Das belohnte Geschenk, Merkur 45, S. 120-129.
[15] *Gutmann*, Rechtsphilosophische Aspekte der Lebendspende von Nieren. Zeitschrift für Transplantationsmedizin 2, S. 75-87.

Maximumbewertung von 300 Punkten in die Gesamtrechnung ein. Diese maximale Punktvergabe von 300 Punkten ist abhängig von der Nähe des Transplantationszentrums zum jeweiligen Organspender und kann von der unmittelbaren Nähe, für die es 300 Punkte gibt, bis zu einem internationalen Organaustausch mit 0 Punkten sinken. Auch auf diese Art und Weise erfolgt eine angemessene Art der Regionalisierung, die auch für Beteiligte außerhalb der Region nachvollziehbar und kontrollierbar ist.

Damit scheint sich bei dem gegenwärtigen Diskussionsstand die Frage der Regionalisierung und damit die Polarisierung in pro und contra zum Local-Donor-Princip weitgehend entschärft zu haben. Die geschickte Umsetzung des Regionalbezugs in medizinische Kriterien im wesentlichen über die kalte Ischämiezeit und die Akzeptanz der Organspende in der Region haben den Konflikt versachlicht. Gleichzeitig hat der Begriff der Regionalisierung so eine neue Bedeutung gewonnen.

Allokation von Spender-Organen
- ökonomische Aspekte

G. Kirste

Fragen der Allokation erhalten immer dann eine Bedeutung, wenn es darum geht, ein knappes Gut zu verwalten und mehr noch, es dem Bedürftigsten zuzuteilen. In Zeiten zunehmend knapper werdender Finanzmittel im Gesundheitsbereich und Limitierung der Gesamtausgaben erhalten deshalb Fragen einer Zuteilung der vorhandenen Mittel auf bestimmte Therapieverfahren oder etwa auch auf geeignete Institutionen eine besondere Bedeutung. Die Transplantationsmedizin nimmt in diesem Zusammenhang insofern eine Sonderstellung ein, da Fragen der Zuteilung die Transplantationsmedizin von Anfang an begleitet haben. Dies kann ähnlich allenfalls für die Behandlung der terminalen Niereninsuffizienz konstatiert werden. Es handelt sich hierbei anfangs um eine Knappheit an Geräten (Dialysegeräte), Knappheit an Organen und später Knappheit an Mitteln für ein teueres Behandlungsverfahren. Transplantationen, insbesondere die Leber- und Knochenmarkstransplantation, sind außerordentlich teure Behandlungsverfahren, die sich ganz erheblich von den Kosten anderer therapeutischer Maßnahmen unterscheiden.

Aus diesem Grunde wurde nicht nur in Deutschland schon sehr frühzeitig die Bezahlung und Verrechnung einer Transplantation aus dem sonst üblichen Finanzierungssystem pauschaler Abrechnungen herausgenommen. Die Berechnungsgrundlagen hierfür sind von verschiedenen Kliniken in einem Mischpatientengut von einfachen und komplizierten Indikationen erarbeitet worden (1) und sind nach Meinung vieler Fachvertreter auch heute noch unzureichend. Besonders die Einführung neuer Therapieverfahren, neuer Immunsuppressiva und neuer Behandlungsmöglichkeiten hat erfreulicherweise die Erfolgsaussicht der Transplantation verbessert, aber auch zu einer deutlichen Steigerung der Kosten beigetragen. Deshalb werden seitens der Fachgesellschaften Versuche der Kostenträger, die Sonderetgelte und Fallpauschalen für den Transplantationsbereich zu reduzieren, vehement zurückgewiesen und auf die Notwendigkeit von Neukalkulation hingewiesen.

Zweifellos beeinflussen die Transplantationszahlen und die hierdurch erzielten Sonderentgelte/Fallpauschalen die Finanzierungssysteme eines Krankenhauses in ganz entscheidendem Maße. Ein Rückgang der Transplantationszahlen bei den

Nierentransplantationen um wenige Transplantationen pro Jahr oder in gleichem Maße der Rückgang bei der Lebertransplantation um wenige Transplantationen beeinflußt das Haushaltsbudget in einem ungewöhnlich hohen Ausmaß. So werden zum Beispiel mit 100 Nieren und 50 Lebertransplantationen zirka DM 20.000.000,-- erwirtschaftet. Dem stehen bei einem Patientenmix von 1.000 Patienten mit Eingriffen aus dem Bereich der Allgemeinchirurgie Einnahmen von DM 3.500.000,-- gegenüber. Diese erhebliche Abhängigkeit der Klinikbudgets von den Transplantationszahlen muß zwangsläufig einen Einfluß auf allokative Fragen haben, denn das Interesse einer Klinik und eines Abteilungsleiters muß dahin gehen, die vorgesehenen und budgetierten Transplantationszahlen zu erreichen.

Fragen der Organzuteilung sind auch abhängig von der Qualität der Versorgung. Es ist allgemein akzeptiert, daß bei einem vergleichbaren Patientenmix von guten und schlechten Indikationen dann ein Gewinn an Erfahrung zu erzielen ist, wenn eine bestimmte Mindestzahl von Transplantationen pro Jahr durchgeführt wird. Anhand von Zahlen aus den USA ist deutlich geworden, daß eine Korrelation besteht zwischen der Erfolgsaussicht und Güte eines Zentrums und der Wirtschaftlichkeit eines Zentrums, so daß auch unter ökonomischen Aspekten die Zuteilung von Organen an die Zentren sinnvoll erscheint, die in der Lage sind, herausragende Ergebnisse zu erzielen (2).

Die Frage, welche Patienten mit welchen Grunderkrankungen einer Transplantation zugeführt werden, hat nicht nur einen Einfluß auf die Erfolgsaussicht, sondern vor allen Dingen auch auf die Kosten des Verfahrens. Ein Patient, der bereits zum Zeitpunkt einer Lebertransplantation seit langen Wochen in der Intensivstation mit einer Reihe von möglichen Komplikationen liegt, hat für eine Transplantation eine schlechtere Aussicht als der Patient, der von zuhause in die Klinik einbestellt wird und elektiv der Transplantation zugeführt wird.

Eine Zuteilung von Organen an solche Patienten, die unter dem Vorhergesagten die besten Erfolgsaussichten haben und die unter ökonomischen Gesichtspunkten auch am sinnvollsten zu transplantieren sind, widerspricht aber dem Anspruch des Transplantationsgesetzes, nämlich, daß auch die Dringlichkeit einer Transplantation für die Frage der Organzuteilung eine Rolle spielen muß (3). Dringliche Patienten, das heißt, Patienten, die besonders krank sind, werden hohe Behandlungskosten verursachen. Dies bedeutet, daß die Entscheidung des Arztes, einen solchen dringlichen Patienten zu transplantieren, seiner Aufforderung zum wirtschaftlichen Arbeiten entgegensteht. Auf der Ebene des einzelnen Arztes ist dieser Interessenkonflikt kaum lösbar. Es erscheint deshalb aus generellen und juristischen Überlegungen heraus sinnvoll, Allokationsverfahren zu entwickeln, die auf bekannten Zahlen der in den letzten Jahren angefallenen dringlichen Patienten und solchen, die unter elektiven Gesichtspunkten transplantiert werden, basieren und die erwähnten ökonomischen Aspekte nicht außer Acht lassen.

Nicht nur der Zustand eines Patienten bei der Transplantation beeinflußt die Kosten des Verfahrens, sondern auch der Zustand eines Spenderorganes zur Transplantation (4). Die Definition marginaler Spenderorgane fällt außerordentlich schwer. Es ist aber jedem erfahrenen Transplantationsmediziner bekannt, daß Organspender nach einer langen vor dem Tode liegenden Intensivbehandlungszeit, Organspender mit einer Reihe zusätzlicher Erkrankungen, Organe, die technische Variationen aufweisen oder gar fehlerhaft entnommen sind, das Risiko einer Transplantation erhöhen. Die Erhöhung des Risikos bedeutet: Verlängerung des Krankenhausaufenthaltes, zusätzliche Behandlungsmaßnahmen, insgesamt Verteuerung der Behandlungskosten. Unter diesem Gesichtspunkt ist es nur zu verständlich, daß marginale Spenderorgane eher abgelehnt werden (4).

Aus dem Gesagten heraus erscheint es völlig unrealistisch zu glauben, daß Fragen der Allokation von Organen unabhängig sind von finanziellen Überlegungen. Es können aber eine Reihe von Forderungen aus dem Gesagten abgeleitet werden. Transplantationen sollten dort durchgeführt werden, wo die entsprechende Ausstattung und Erfahrung vorhanden ist. Nach Statistik der Deutschen Stiftung Organtransplantation (5) erfüllen in Deutschland ähnlich wie in den USA (6) zirka 30 % der Transplantationszentren nicht die Anforderungen, die an die Mindestzahl durchzuführender Transplantationen zu stellen sind. Die Frage der Zulassung eines Transplantationszentrums kann nicht ausschließlich an die Frage der pro Jahr durchgeführten Transplantationen gekoppelt werden.

Aus England liegen Anforderungsprofile für das Arbeiten eines Transplantationszentrums vor, die zum Beispiel eine rund um die Uhr Anwesenheit und Bereitschaft von allen an der Transplantation beteiligten Fachgebieten fordern (7). Einen ähnlichen Weg ist die Deutsche Transplantationsgesellschaft in ihren Empfehlungen zur Struktur der Transplantationsmedizin in Deutschland gegangen. Diese Überlegungen sollen dazu führen, zumindest Fragen der Zentrumszuteilung zu lösen. Neueste Entwicklungen in Deutschland, unter rein lokalen politischen Gesichtspunkten immer mehr Transplantationszentren für den Bereich der Herztransplantation zuzulassen, stehen dem entgegen. Die Zustimmung zur Einrichtung dieser neuen Zentren durch die Kassen und die Sozialministerien kann daher nur auf Unverständnis stoßen.

Die Zuteilung von Organen wird von wirtschaftlichen Gesichtspunkten beeinflußt. Es gilt, Lösungen zu finden, die ökonomischen Aspekte einer möglichst kostengünstigen Transplantation in Einklang zu bringen mit einer hohen Erfolgsaussicht, ohne die Möglichkeit zur Transplantation für besonders dringliche Patienten zu verhindern. Darüber hinaus sollte unabhängig von allen ökonomischen Aspekten Spielraum für die wissenschaftliche Weiterentwicklung der Transplantation bleiben.

1.
Vereinbarung nach § 15 Abs. 1 Nr. 1 BPflV über die bundesweit geltenden Entgeltkataloge für Fallpauschalen und Sonderentgelte nach § 17 Abs. 2 a KHG.

2.
The surgical clinics of North America
Renal Transplantation Vol. 78, 1, 1998

3.
TransplantationsGesetz
BGBl. Nr. 74 S. 2631 ff.

4.
J. F. WHITING et al.
Transplantation 65, 204, 1998

5.
H. SMIT, R. SASSE
Organspende und Transplantation in Deutschland
1997

6.
UNOS Report 1997
Anual Report of the US Scientific Registry of Transplant Recipients and the Organ Procurement and Transplant network.

7.
National Specialist Commissioning Advisory Group
Annual Report 1996 - 1997
NHS publication 97 CC 0117

Richtlinien und Regeln für die Organallokation

H.-L. Schreiber

I.

Sowohl in der parlamentarischen als auch in der öffentlichen Diskussion relativ wenig beachtet, hat das Transplantationsgesetz Vorschriften für Organgewinnung und Organverteilung gebracht und damit diesen bisher gesetzlich nicht näher festgelegten Bereich einer rechtlichen Regelung unterzogen. Im Vordergrund des Interesses und der Diskussionen standen die Entnahmevoraussetzungen für Organe, der Hirntod und die sogenannte erweiterte Einwilligungslösung (§§ 3, 4 TPG).

Sowohl Organgewinnung als auch Organvermittlung waren bisher durch Verträge zwischen den Transplantationszentren sowie den Organisationen geregelt, die Gewinnung und Vermittlung übernommen hatten. Diese Verträge gelten nach § 25 Abs. 1 Abs. 2 TPG so lange weiter, bis sie durch neue Verträge oder durch Rechtsverordnungen ersetzt werden.

Das Gesetz hat sowohl für die Organentnahme als auch für die Organvermittlung in § 11 und § 12 TPG jeweils ein Verfahren vorgeschrieben, in dem durch Vertrag zwischen den Spitzenverbänden der Krankenkassen, der Bundesärztekammer und der Deutschen Krankenhausgesellschaft bzw. der Bundesverbände der Krankenhausträger eine Koordinierungsstelle und eine Vermittlungsstelle errichtet oder beauftragt werden, die Gewinnung der Organe und ihre Vermittlung durchzuführen. Für den Fall, daß ein solcher Vertrag, der eine Drittwirkung für die Transplantationszentren und die übrigen Krankenhäuser hat (§ 11 Abs. 2 und § 12 Abs. 4 TPG), nicht innerhalb von zwei Jahren nach Inkrafttreten des Gesetzes, also bis zum 1. Dezember 1999 zustande kommt, entsteht für das Bundesministerium für Gesundheit eine Zuständigkeit durch Rechtsverordnung mit Zustimmung des Bundesrates, die Koordinierungsstelle und ihre Aufgaben sowie die Vermittlungsstelle und ihre Aufgaben zu bestimmen (§ 11 Abs. 6 und § 12 Abs. 6 TPG).

Uns soll hier nur die Vermittlungsstelle näher interessieren, ihre Struktur, ihre Funktion und ihre Aufgaben. Vor allem soll es darum gehen, nach welchen

Vorgaben, das heißt Regeln bzw. Richtlinien die Vermittlungsstelle ihre Aufgabe zu erfüllen hat. Das Transplantationsgesetz folgt einem Stil der Gesetzgebung, weitgehend nicht materielle Regeln, hier Verteilungsregeln für Organe, festzulegen, sondern Verfahren vorzugeben, in denen allgemeine Vorgaben umgesetzt bzw. konkretisiert werden. Das geschieht einmal dadurch, daß der Vertrag zwischen Spitzenverbänden auf dem Gebiet der Medizin, sowie einer bestehenden oder zu errichtenden Einrichtung als Mittel, zu deren Konstituierung und zur Festlegung ihrer Aufgaben gewählt wird. Für die „geeignete Einrichtung (Vermittlungsstelle)" wird vorgeschrieben, daß sie aufgrund einer finanziellen und organisatorisch eigenständigen Trägerschaft, der Zahl und Qualifikation ihrer Mitarbeiter ihrer betrieblichen Organisation sowie einer sachlichen Ausstattung die Gewähr dafür bieten muß, daß die Organvermittlung nach den Vorschriften des Transplantationsgesetzes erfolgt. Für ihre Tätigkeit gibt es generell gesetzlich zunächst nur wenige Festlegungen. Die Vermittlungsstelle muß, soweit sie Organe vermittelt, die außerhalb Deutschlands entnommen worden sind, gewährleisten, daß die zum Schutz der Organempfäger erforderlichen Maßahmen nach dem Stand der Erkenntnisse der medizinischen Wissenschaft durchgeführt werden. Es dürfen nur Organe vermittelt werden, die im Einklang mit den am Ort der Entnahme geltenden Rechtsvorschriften entnommen sind. Deren Anwendung darf nicht zu einem Ergebnis führen, das mit wesentlichen Grundsätzen des deutschen Rechts, insbesondere mit den Grundrechten, das heißt praktisch mit dem sogenannten ordre public unvereinbar ist.

Festgelegt wird auch, daß als Vermittlungsstelle eine geeignete Einrichtung beauftragt werden kann, die ihren Sitz außerhalb des Geltungsbereiches des Transplantationsgesetzes hat und die Organe im Rahmen eines internationalen Organaustausches vermittelt. Für die Vermittlung werden aber auch dann die Bestimmungen des Transplantationsgesetzes für verbindlich erklärt. Auch eine angemessene Datenschutzaufsicht soll garantiert werden (§ 12 Abs. 1 Satz 2 bis 4, § 12 Abs. 2 TPG).

Es mag hier zunächst dahingestellt bleiben, ob die Vermittlungsstelle eine öffentliche Aufgabe wahrnimmt, mit deren Durchführung sie aufgrund gesetzlicher Ermächtigung durch Vertrag beliehen wird. Spätestens dann, wenn Vermittlungsentscheidungen angegriffen werden, wird diese Frage für den Rechtsweg relevant werden. Festgelegt ist jedenfalls, daß der Vertrag über die Errichtung bzw. Beauftragung und den Inhalt der Aufgaben Wirkung für die deutschen Transplantationszentren und Krankenhäuser hat (§ 12 Abs. 4 TPG). Woran hat die Vermittlungsstelle sich bei ihrer Tätigkeit zu orientieren? Das Transplantationsgesetz bleibt hier bei allgemeinen Formeln, die es durch Regeln und Richtlinien zu konkretisieren den Vertragschließenden und der Bundesärztekammer aufgibt.

Nach § 12 Abs. 3 sind die vermittlungspflichtigen Organe von der Vermittlungsstelle nach Regeln, die dem Stand der Erkenntnisse der medizinischen Wissenschaft entsprechen, insbesondere nach Erfolgsaussicht und Dringlichkeit für geeignete Patienten zu vermitteln. Die Wartelisten der Transplantationszentren, die diese nach § 10 Abs. 2 TPG zu führen haben, sind dabei als eine einheitliche Warteliste zu behandeln. Die Vermittlungsentscheidung ist für jedes Organ unter Angabe der Gründe zu dokumentieren und unter Verwendung der Kennummer dem Transplantationszentrum und der Koordinierungsstelle zu übermitteln. Daraus folgt als oberster Grundsatz, daß die Verteilung der Organe patientenorientiert zu erfolgen hat, das heißt, daß sie sich nicht etwa nach den Interessen der an der Organentnahme etwa beteiligten Transplantationszentren oder der Krankenhäuser der jeweiligen Region zu richten hat.

Die Regeln, an denen sich die Vermittlungsstelle orientiert, haben dem Stand der Erkenntnisse der medizinischen Wissenschaft zu entsprechen. Als vorrangige Kriterien werden Erfolgsaussicht und Dringlichkeit für geeignete Patienten genannt. Das sind keine scharfkantigen Kriterien. Sie können durchaus in Gegensatz zueinander treten. So kann bei hoher Dringlichkeit für einen Patienten die Erfolgsaussicht relativ gering sein. Umgekehrt kann bei hoher Erfolgsaussicht, etwa bei weitgehender Gewebeübereinstimmung, einer sogenannten „full house"-Übereinstimmung die Dringlichkeit nicht so hoch sein. Das Gesetz spricht von Regeln, die dem Stand der Erkenntnisse der medizinischen Wissenschaft entsprechen. Damit bindet es die Verteilungsregeln an die medizinische Wissenschaft, es schließt damit freilich außermedizinische Kriterien nicht strikt aus. Die Regeln müssen aber der medizinischen Wissenschaft entsprechen, sie dürfen ihr nicht widersprechen. Das wäre etwa bei einer Verteilung nach Kriterien der sozialen Bedeutung oder bei Kriterien der Fall, die auf die früher erklärte Spendenbereitschaft der jetzt als Empfänger in Betracht kommenden Person abstellen (sog. Klublösung).

II.

Wie kommt es nun zu solchen Regeln nach dem Stand der Erkenntnisse der medizinischen Wissenschaft? Wieder bietet auch auf dieser Stufe das Gesetz hier keine inhaltlichen Kriterien, sondern ein Verfahren an, man kann von prozeduralem Recht sprechen. Nach § 16 soll die Bundesärztekammer den Stand der Erkenntnisse der medizinischen Wissenschaft in Richtlinien sowohl für die Regeln zur Feststellung des Todes (§ 16 Abs. 1 Nr. 1), die Aufnahme in die Warteliste (§ 16 Abs. 1 Nr. 2, § 16 Abs. 1 Nr. 3), die Anforderungen an die im Zusammenhang mit einer Organentnahme zum Schutz der Organempfänger erforderlichen Maßnahmen einschließlich ihrer Dokumentation (§ 16 Abs. 1 Nr. 4). Weiter, und, das ist für unser Thema das Entscheidende, stellt die Bundesärztekammer den Stand der Erkenntnisse der medizinischen Wissenschaft in Richtlinien für die Regeln zur Organvermittlung nach § 12 Abs. 3 Satz 1 fest (§ 16 Abs. 1 Nr. 5).

Der Bundesärztekammer wird hier ein gesetzlicher Auftrag für „Richtlinien" erteilt. Das Gesetz fügt hinzu, daß die Einhaltung des Standes der Erkenntnisse der medizinischen Wissenschaft vermutet wird, wenn die Richtlinien der Bundesärztekammer beachtet worden sind. In § 16 Transplantationsgesetz heißt es, daß die Richtlinien „für Regeln" festgestellt werden. Wie ist das Verhältnis von Richtlinien und Regeln? § 16 unterscheidet jedenfalls beide. Die Richtlinien sind bestimmt für Regeln. Sind sie selbst schon Regeln oder können sie Regeln sein? Von Regeln ist ebenfalls in § 12 Abs. 3 in der allgemeinen Allokationsbestimmung die Rede, wenn es dort heißt, die vermittlungspflichtigen Organe seien von der Vermittlungsstelle nach „Regeln, die dem Stand der Erkenntnisse der medizinischen Wissenschaften entsprechen" zu vermitteln. Festzuhalten ist danach jedenfalls wohl, daß Regeln und Richtlinien unterschieden werden, wobei die Regeln den Richtlinien entsprechen müssen. In § 12 Abs. 4 ist die Rede davon, der Vertrag zwischen den medizinischen Spitzenverbänden und der Vermittlungsstelle solle insbesondere unter anderem die Vermittlung der Organe nach den Vorschriften des Abs. 3, sowie Verfahren zur Einhaltung der Vorschriften des Abs. 1 Satz 3 und 4 regeln, in denen Anforderungen an die Organvermittlung festgelegt werden dahin, daß die zum Schutz der Organempfänger erforderlichen Maßnahmen eingehalten und nur Organe vermittelt werden, die im Einklang mit den am Ort der Entnahme geltenden Vorschriften entnommen worden sind. Das könnte den Eindruck erwecken, daß die Festlegung von Verteilungsregeln Aufgabe des Vertrages zwischen den medizinischen Spitzenverbänden und der Vermittlungsstelle wäre. Die Bundesärztekammer hätte danach gem. § 16 TPG lediglich Richtlinien für die Regeln anhand der Erkenntnisse der medizinischen Wissenschaft festzustellen. Das würde zu einer unsinnigen Verdoppelung des Prozesses der Festlegung von Richtlinien für die Vermittlung bedeuten. Es würde auch den Krankenkassen, der Bundesärztekammer und der Deutschen Krankenhausgesellschaft als denjenigen, die den Vertrag mit der Vermittlungsstelle zu schließen haben, eine Aufgabe zuweisen, die sie gerade in dieser Zusammensetzung nur schwerlich erfüllen könnten.

Bei den Regeln für die Verteilung geht es offensichtlich um Regeln, die dem Stand der Erkenntnisse der medizinischen Wissenschaft entsprechen (§ 12 Abs. 3), insbesondere um Erfolgsaussicht und Dringlichkeit für geeignete Patienten. Das ist dahin zu verstehen, daß die Vermittlung der Organe nach medizinischen Kriterien zu erfolgen hat. Es wäre sinnlos, neben der „Richtlinienbefugnis" der Bundesärztekammer nach § 16 TPG noch eine gesonderte „Regelbefugnis" der Vertragschließenden nach § 12 Abs. 1 TPG anzusiedeln. Für die Richtlinien nach § 16 werden zwar Verfahrensregeln gegeben. So müssen bei ihrer Erarbeitung Ärzte, die weder an der Entnahme noch an der Übertragung von Organen beteiligt sind sowie Personen mit der

Befähigung zum Richteramt und Personen aus dem Kreis der Patienten und der Angehörigen von Organspendern vertreten sein. Einer staatlichen Genehmigung bedürfen diese Richtlinien aber nicht. Das Gesetz geht offenbar davon aus, daß diese Richtlinien keinen volitiven Charakter haben, sondern Erkenntnisse der medizinischen Wissenschaft in einem kognitiven Verfahren feststellen. Aufgabe der Richtlinien muß es aber sein, gerade wenn die Organverteilung nach medizinischen Kriterien erfolgen soll, nicht nur medizinische Befunde festzuhalten, sondern „Richtlinien" für die Organverteilung zu geben. Das umfaßt die Aufgabe, den Kriterienkatalog von § 12 Abs. 3 TPG - Erfolgsaussicht und Dringlichkeit für geeignete Patienten - zu konkretisieren und für einen Ausgleich zwischen den beiden genannten Grundkriterien bei der Konkretisierung von Richtlinien zu sorgen.

Es wird darum gehen, für die Vermittlungsstelle handhabbare und in Verteilungsregeln umsetzbare Kriterien in diesen Richtlinien zu entwickeln. Ob daneben im Vertrag der Spitzenverbände mit der Vermittlungsstelle nach § 12 Abs. 4 TPG weitere besondere Regeln für die Vermittlung der Organe festgelegt werden, bleibt offen. Die Regelungsbefugnis der Vertragspartner umfaßt nach § 12 Abs. 4 Nr. 3 sicher solche Regeln nach den Vorschriften des Abs. 3 von § 12 TPG. Es wäre aber sicherlich verfehlt, wenn die Vertragschließenden zum Regelgeber für die Vermittlungsstelle würden. Das würde fortlaufende Veränderungen im Beauftragungsvertrag mit sich bringen. Voraussichtlich wird die Regelung im Beauftragungsvertrag so auszusehen haben, daß die Vermittlungsstelle an die jeweiligen Richtlinien der Bundesärztekammer nach § 16 gebunden werden. Es mag sein, daß diesem Verweis auf die Richtlinien nach § 16 Regeln über einen internationalen Organaustausch und einen etwaigen nationalen Ausgleich dem Vertrag hinzugefügt werden. Bemerkenswert ist, daß der Vertrag zwischen Spitzenverbänden und der Vermittlungsstelle der Genehmigung durch das Bundesministerium für Gesundheit bedarf und im Bundesanzeiger bekanntzumachen ist. Zwar schreibt das Gesetz vor, daß die Genehmigung zu erteilen ist, wenn der Vertrag oder seine Änderung den Vorschriften des Transplantationsgesetzes und dem sonstigen Recht entspricht. Würden die medizinischen Richtlinien der Bundesärztekammer nach § 16 jeweils noch der Transformation in Regeln nach dem Vertrag gem. § 12 Abs. 4 unterworfen werden müssen, so würde die gesamte Verteilungspraxis einer Genehmigung durch das Bundesgesundheitsministerium bedürfen. Jede Änderung der Verteilungsrichtlinien würde mittelbar solch staatlicher Kontrolle unterworfen. Die im Transplantationsgesetz erfolgte rechtliche Reglementierung der Organgewinnung und Organverteilung würde damit im Ergebnis in eine vollständige staatliche Kontrolle überführt werden. Das kann nicht der Sinn des Transplantationsgesetzes sein. Hier würden bürokratische Prozeduren eingeführt, die der Entwicklung der Transplantationsmedizin sicher schädlich wären.

III.

Die Kommission der Bundesärztekammer ist derzeit mit der Erarbeitung von Richtlinien für die Aufnahme in die Warteliste und für die Organvermittlung beschäftigt. Dabei ist zu beachten, daß schon die Aufnahme in die Warteliste keine unverbindliche Feststellung, sondern ein rechtlich geregeltes Verfahren darstellt. Mit der Aufnahme in die Warteliste werden Patienten zur Transplantation angenommen (§ 10 Abs. 2 Nr. 1 TPG). Es ist über die Aufnahme in die Warteliste unverzüglich nach Regeln zu entscheiden, die dem Stand der Erkenntnisse der medizinischen Wissenschaft entsprechen, insbesondere nach Notwendigkeit und Erfolgsaussicht einer Organübertragung. Die Richtlinien für die Warteliste werden danach bestimmte Krankheitszustände zu nennen haben, bei denen eine Aufnahme auf die Warteliste zu erfolgen hat. Es wird nicht mehr in der Entscheidung eines Transplantationszentrums bleiben, ob es etwa nur für die in einem Jahr möglichen Organübertragungen Kandidaten auf die Liste nimmt, oder ob es diese Liste weiter ausdehnt. Die Regeln werden patientenorientiert alle diejenigen Patienten nennen müssen, die nach Anmeldung beim Zentrum der Organübertragung bedürfen und die für eine solche Übertragung geeignet erscheinen. Zweifelhaft erscheint, ob die absehbaren Möglichkeiten einer Transplantation innerhalb einer bestimmten Zeit für den Umfang der Warteliste maßgeblich sein können.

Für die Vermittlungsregeln wird nach den verschiedenen Organen zu unterscheiden sein. Hier wird nach der gesetzlichen Vorschrift eine Kombination von Erfolgsaussicht und Dringlichkeit gesucht werden müssen. So wird ein System vorzubereiten sein, in dem die Daten des Patienten mit Prozentzahlen bzw. Prozentpunkten zu versehen sind. Das wird in Gewichtung der verschiedenen zu berücksichtigenden medizinischen Gesichtspunkte zu geschehen haben. So wird etwa die Gewebeübereinstimmung sowie ihr Maß mit einer bestimmten Prozentzahl zu berücksichtigen sein. Hinzu kommt die Wartezeit, als ein für die Dringlichkeit und auch für die Erfolgsaussicht relevantes Kriterium. Es ist davon auszugehen, daß eine Wartezeit in der Regel die Dringlichkeit steigen läßt. Besondere Berücksichtigung müssen auch die Fälle hoher und höchster Dringlichkeit finden, bei denen eine alsbaldige Transplantation zur Rettung des Lebens des Patienten dringlich indiziert ist. Allein die Entfernung zwischen dem Spenderorgan und dem möglichen Empfänger darf nicht im Sinne eines sogenannten „Zentrumsbonus" berücksichtigt werden. Von Relevanz ist die Entfernung zwischen dem Entnahmeort und dem möglichen Empfänger aber unter dem Gesichtspunkt einer Reduzierung der Ischämiezeiten. Diese Ischämiezeiten sind nicht nur im Hinblick auf einen für das jeweilige Organ kritischen Endzeitpunkt von Bedeutung. Vielmehr ist festgestellt worden, daß die Reduzierung der Ischämiezeiten die Erfolgsaussichten der Transplantation deutlich erhöht. So wird die für einen Transport des Organes erforderliche Zeit mit einem gewissen Prozentsatz in Anrechnung zu bringen sein. Weitere

Besonderheiten wird man für Organübertragungen auf Kinder zu berücksichtigen haben. Die Kommission der Bundesärztekammer steht hier vor schwierigen Entscheidungen, wenn sie die medizinischen Gesichtspunkte für eine Organzuteilung feststellt und gegeneinander zu gewichten versucht. Dabei werden die nach § 16 TPG festzulegenden Richtlinien zunächst nur vorläufigen Charakter haben können. Anhand ihrer Auswirkungen wird zu kontrollieren sein, ob sie den Vorgaben des Transplantationsgesetzes für eine patientenorientierte Organverteilung gerecht werden.

Einbecker Empfehlungen der Deutschen Gesellschaft für Medizinrecht (DGMR) e.V. zur Allokation von Spenderorganen, zur Zulassung eines Krankenhauses als Transplantationszentrum und zur Qualitätssicherung

1. Der medizinische Fortschritt im Bereich der Transplantationsmedizin hat in den vergangenen Jahren zu einem verstärkten Bedarf an Spenderorganen geführt, der in der Zukunft weiter steigen wird. Die Verteilung der zur Verfügung stehenden Spenderorgane unter rationalen Gesichtspunkten (Allokation) ist damit zu einem wachsenden Problem geworden.

2. Für die gegenwärtige Verteilung der Organe auf die große Zahl der auf eine Transplantation Wartenden kann es eine allseits befriedigende Lösung nicht geben. Damit ist das Allokationsproblem in der Transplantationsmedizin nicht nur ein ärztliches, sondern ein gesamtgesellschaftliches Problem.

3. Das Gesetz über die Spende, Entnahme und Übertragung von Organen (Transplantationsgesetz-TPG) vom 5.11.1997 (BGBl. I 2631) regelt die Spende und die Entnahme von menschlichen Organen, Organteilen oder Geweben (Organe) zum Zwecke der Übertragung auf andere Menschen sowie die Übertragung der Organe einschließlich der Vorbereitung dieser Maßnahmen. Es verbietet den Handel mit menschlichen Organen. Das Gesetz gilt nicht für Blut und Knochenmark sowie embryonale und fetale Organe und Gewebe.

4. Das Gesetz unterscheidet bei vermittlungspflichtigen Organen (Herz, Niere, Leber, Lunge, Bauchspeicheldrüse und Darm) zwischen
   - der Meldung des Patienten an das Transplantationszentrum (§ 13 Abs. 3 Satz 1 TPG),
   - der Aufnahme in die Warteliste des Transplantationszentrums (§ 10 Abs. 2 Nr. 2 TPG) und
   - der Vermittlung des Spenderorgans an den Empfänger (§ 12 Abs. 3 TPG).

5. Unter rechtsstaatlichen Gesichtspunkten dürfen verbindliche Regelungen zur Vermittlung von Organen in der Transplantationsmedizin nur solche Auswahlkriterien umfassen, die mit den Grundrechten auf Schutz der Menschenwürde,

auf Leben und körperliche Unversehrtheit sowie dem grundrechtlichen Anspruch auf Gleichbehandlung in Einklang stehen.

6. Nach dem Gesetz stellt die Bundesärztekammer den Stand der Erkenntnisse der medizinischen Wissenschaft in Richtlinien u.a. für die Regeln zur Organvermittlung fest (§ 16 Abs. 1 Satz 1 Nr. 5 TPG). Der Bundesärztekammer fällt diese Aufgabe zu, weil sie über den gebotenen medizinischen Sachverstand verfügt und fortlaufend den aktuellen Stand der Erkenntnisse berücksichtigen kann. Diese Richtlinien müssen die vom Gesetz nicht näher definierten Verteilungskriterien, insbesondere Erfolgsaussicht und Dringlichkeit konkretisieren. Die Bundesärztekammer sollte auch Kriterien für eine Abwägung zwischen Dringlichkeit und Erfolgsaussicht benennen. Die Regelungsbefugnis der Bundesärztekammer erstreckt sich auch auf die Benennung konkreter Verteilungskriterien einschließlich ihrer Gewichtung sowie von Verfahrensregeln. Die Richtlinien sind für die im Vertrag mit der Vermittlungsstelle zu vereinbarenden Regeln verbindliche Grundlage. Anders als diese Regeln bedürfen die Richtlinien nicht einer Genehmigung durch das Bundesministerium für Gesundheit.

7. Hat die durch Vertrag gemäß § 12 Abs.1,2 TPG beauftragte Vermittlungsstelle ihren Sitz außerhalb des Geltungsbereiches des Gesetzes (z.B. Eurotransplant), kann durch Bezug des Vertrages auf die Richtlinien der Bundesärztekammer eine Kollision mit übernational entwickelten Verteilungsregeln entstehen. Die übernationale Kooperation bei der Verteilung ist für die Erhöhung der Chance auf Vermittlung eines passenden Spenderorgans anerkannt und bewährt. Sie darf nicht durch Richtlinien der Bundesärztekammer, die den Vorgaben des § 16 Abs. 1 Satz 1 Nr. 5 TPG entsprechen, aufs Spiel gesetzt werden. Deshalb sollte in dem Vertrag mit einer Vermittlungsstelle nach § 12 Abs. 2 TPG ergänzend zu diesen Richtlinien vereinbart werden, daß die Austauschbilanz je Organart und Land jeweils innerhalb eines Jahres im wesentlichen ausgeglichen sein muß. Ein solches Kriterium ermöglicht die Vermittlung im Rahmen eines internationalen Organaustausches auch dann, wenn die Vermittlungsstelle durch den Vertrag gegebenenfalls verpflichtet ist, für die Organverteilung in Deutschland zum Teil andere Regeln anzuwenden, als für die Organverteilung in anderen Ländern des Vermittlungsbereichs. Dadurch kann verhindert werden, daß Patienten auf den Wartelisten der Transplantationszentren eines Landes zu Lasten oder zu Gunsten der entsprechenden Patienten in anderen Ländern bevorzugt oder benachteiligt werden.

8. Aus dem Gesetz ergibt sich die Verpflichtung, bei der Vermittlung der Spenderorgane die Warteliste der Transplantationszentren als eine einheitliche Warteliste zu behandeln (§ 12 Abs. 3 Satz 2 TPG). Hierdurch soll eine bundesweit gerechte Verteilung der Spenderorgane nach medizinisch evaluierbaren Kriterien erreicht werden. Damit nicht in Einklang stehende Wünsche und Bedürfnisse einzelner Transplantationszentren bleiben nach den Vorgaben des

Gesetzes zugunsten einer bundesweiten, patientenorientierten Organzuteilung richtigerweise unberücksichtigt.

9. Bezüglich der Erfolgsaussicht sind die initial bei der Begutachtung des Patienten vorhandenen Parameter, die einer objektivierbaren medizinischen Evaluierung zugänglich sind, vorrangig zu berücksichtigen. Hierzu zählen primär die körperlichen Befunde. Sind aufgrund dieser Parameter mehrere mögliche Empfänger gleich gut geeignet, können zusätzlich individuelle, primär nicht-medizinische Umstände berücksichtigt werden, soweit sie einen medizinisch objektivierbaren Einfluß auf den Erfolg einer Transplantation haben (z.B. Compliance, soziale Einbindung des Patienten).

10. Die Wartezeit des Patienten allein ist für die Erfolgsaussicht kein zu berücksichtigendes Kriterium, wohl aber die medizinisch relevanten Veränderungen der Transplantationsvoraussetzungen während der Wartezeit. Eine organspezifische Beurteilung dieser Veränderungen kann auch zu einer geringeren Einschätzung der Erfolgsaussicht nach längerer Wartezeit führen.

11. Die Entfernung zwischen Spenderorgan und möglichem Empfänger darf im Hinblick auf die Erfolgsaussicht nur berücksichtigt werden, wenn die durch den Transport des Spenderorgans bedingte unvermeidbare Ischämiezeit den für das jeweilige Organ kritischen Zeitraum erreicht. Für den Transport ist das im Hinblick auf die Ischämietoleranz des jeweiligen Organs gebotene Transportmittel zu verwenden.

12. Aus der Anzahl der an einem Transplantationszentrum durchgeführten Entnahmen ergibt sich nach den gesetzlichen Vorgaben kein Anspruch auf eine bevorzugte regionale Zuteilung der Spenderorgane.

13. Bei der Konkretisierung der Dringlichkeit sind medizinisch objektivierbare Kriterien i.S. einer Prioritätenbildung zu erstellen. Dabei müssen organspezifische Abstufungen der Dringlichkeit festgelegt werden.

14. Die Zulassung eines Krankenhauses als Transplantationszentrum (§ 10 Abs.1 TPG in Verbindung mit § 108 SGB V) sollte berücksichtigen, daß es eine medizinisch und wirtschaftlich sinnvolle Mindestgröße für Transplantationszentren gibt. Hinsichtlich dieser Größe sollten die Richtlinien zur Qualitätssicherung gemäß § 16 Abs.1 Satz 1 Nr.6 TPG auch das erforderliche Maß an personeller und infrastruktureller Ausstattung definieren, um bei der Zulassung und Schwerpunktbildung eine bedarfsgerechte, leistungsfähige und wirtschaftliche Versorgung zu erreichen und die erforderliche Qualität der Organübertragung zu sichern (vgl. § 10 Abs.1 Satz 2 TPG).

GPSR Compliance

The European Union's (EU) General Product Safety Regulation (GPSR) is a set of rules that requires consumer products to be safe and our obligations to ensure this.

If you have any concerns about our products, you can contact us on

ProductSafety@springernature.com

In case Publisher is established outside the EU, the EU authorized representative is:

Springer Nature Customer Service Center GmbH
Europaplatz 3
69115 Heidelberg, Germany

www.ingramcontent.com/pod-product-compliance
Lightning Source LLC
Chambersburg PA
CBHW071504230426
43749CB00027B/701